日本プレゼンテーション協会認定講師
大島 道夫

トライアングル思考法

自分の企画書に自信が持てる7つの法則

税務経理協会

はじめに

本書は、「トライアングル思考法」の7つの法則で企画書を見える化し、よ～く考えることで、お客様や上司が重要視する企画の目的・ねらいを腹に落とし込むこと。つまり、自分の企画書に自信を持つための本です。

自信がある企画書は、とおせる、ブレない企画書となり、お客様や上司からYesを引き出すことができるでしょう。その結果、「その企画、私にやらせてください！」と明るく、楽しく、元気よく仕事ができることを願って書きました。

「トライアングル思考法」とは、システム企画研修株式会社が開発した「目的達成手法」という業務改革の方法論に、同社から承認をいただき、私の約30年間のビジネスマン経験を加えてとりまとめた企画書を見える化して、よ～く考えるための思考法です。

システム企画研修株式会社は、システム開発で一番大事な「システム企画」という上流工程に関わる研修を中心にビジネスをしている研修専門会社です。

また単なる問題解決よりも前向きなとらえ方をするために、問題解決という言葉を裏返して「目的達成手法」と称し、約200社、30,000人超の実績があります。

考えてみると企画書作りと言っても、いろいろなものがあるでしょう。お客様や自社内の業務改革だけではなく、宴会も、結婚式なども、ある意味では、企画と言えるでしょう。共通して言えることは、「それは、何のためにやるのか」という目的・ねらいがあると言うことです。**何だかちょっと難しそうですか？　でも「トライアングル思考法」は、ビジネスの基本となる5W2Hがベースですからとてもシンプルです。**

また本書は、物語風に架空のサンキューソリューション（株）営業部の木村主任が、「トライアングル思考法」をコンサルタントから学びながら、お客様の業務改革のための企画書作りに苦労して、そして最後には、自分の仕事に自信をつけていくサクセスストーリーで書かれています。

楽しく読んでいただければ幸いです。

「仕事品質」改善教室　代表　大島　道夫

※ご参考　5W2H

・Why（何のために、効果）

・Where（いかなる対象範囲を）

・Who（どういう体制で）

・HowMuch（いくらかけて）

・What（いかなる問題を解決するか）

・When（どれだけの時間をかけて）

・How（どのような方法により）

〈登場人物紹介〉

お客様
（株式会社ＡＢＣ工業）
製品開発部
・佐藤部長
５３歳
常に業務改革意識が高く、何事にも意欲的、仕事への取り組み姿勢や結果には、めっぽう厳しい。

（業務改革コンサルタント）
・野上社長
６５歳。一流大学卒業後、大手企業での経験を元に業務改革の方法論「トライアングル思考法」を開発、「価値目標」をキーワードに多くの企業を支援している。鈴木部長とは、入魂の間柄

（サンキューソリューション株式会社）
営業部
・鈴木部長
５６歳。高校卒、たたき上げで営業部長になった方、情に厚く、根回し、接待、粘りの戦略が得意

営業部
・木村主任
３１歳。大学卒、成績優秀、しかし、営業部に配属されてから伸び悩みが続いている。

この物語は、フィクションであり、登場する団体・人物などの名称はすべて架空のものです。

目次

はじめに

＜プロローグ＞
1 木村主任は、企画書作りが大嫌いだった……1
2 今日も、企画書作りで残業だ、いやだなぁ……4

第一の法則 お客様にとって価値があるモノが「ねらい」
1 一般的な問題解決手法を学ぶ前にやることがある……10
2 企画は、どこからやってくるのか？……15
3 お客様の究極的な問は「それで、我が社はいくら儲かるのか」である……18

4 お客様をうならせる「価値目標」……22
5 企画書の見える化で「なぜ企画がとおらないのか」がわかる！……25
6 これならお客様や上司の指摘も怖くない！……29

第二の法則

「ねらい」のためにすることが「目的」

1 実は、指摘する方も、される方も、ごちゃごちゃ？……34
2 「分ける」ことで見えてくる……37
3 「目的」と「ねらい」の違いがやっとわかった……41
4 単に「目的」と書かずに「○○の目的」と書くとひらめく！……43
5 「目的」は、3点セットの日本語できちんと書く……46
6 「目的」は、語尾できまる！……50
7 お客様にとって価値のない企画では、ガンバって プレゼンしてもとおらない……53

第三の法則

「あるべき姿」と「現状」とのギャップが「問題」

1 問題を見極める……59
2 お客様は、実現して欲しいことを要望されるので、問題点は、見えてない？……67
3 問題、原因、課題、リスク、難題そして宿題を理解すれば頭もスッキリ……72

第四の法則

「問題」を起こしているのが「原因」

1 問題を「ある部分」に分解するとわかりやすい……87
2 原因No.と解決策No.を対比して書く……91
3 問題分析は、逆から分析する……93

4 真の原因追及ではなく、解決策を見つけることを優先する …… 95

第五の法則
「目的」を達成するためにやることが「解決策」
1 解決策は、実現できなきゃ意味がない …… 105
2 混沌とした情報は、要望、要求、要件で整理する …… 108
3 解決策の体制図は、一種類ではイマイチ …… 112

第六の法則
「改善目標」に共感すると目的・ねらいが達成できる
1 改善目標は、数字で示す …… 120
2 数字が無理なら合否で示す …… 125

第七の法則

「目的・ねらい」のために支払ってもよいのが「コスト」

1 コストも解決策の体制図と同じで一種類では、イマイチ……133
2 「トライアングル思考法」を武器にして自分の仕事に自信を持つ……139

応用編

「トライアングル思考法」を賢く使おう！

1 これは、企画を設計するという新しい発想……148
2 企画の見える化！これなら相手と議論しても熱くならない……149
3 上司は、紙一枚ものが好き！ これで根回しも完璧！……150
4 ホワイトボードでさりげなく使うと、聞き手が感動する！……151
5 5W2Hが明確だからプレゼンまで上手くなる……152
6 「トライアングル思考法」は、コミュニケーションツール……152

7　わかりやすい、具体的と言われる「魔法の言葉」……153

＜エピローグ＞……155

あとがき……161
参考文献……162
謝辞にかえて―お世話になった皆さま……163

プロローグ

1　木村主任は、企画書作りが大嫌いだった

「企画書って、どうやったら上手く作れるんだろうか」
「今日も、企画書作りで残業だ、いやだなぁ……」

本書を手にとられた方は、はじめて企画書作りを任されたり、企画書作りに困ったりしている方かも知れません。なにより、企画書作りが大変だと感じていることでしょう。

サンキューソリューション（株）営業部の木村主任は、先輩が企画書を作ったり、プレゼンしたりしている姿を見て、格好いいなぁと思って憧れていました。しかし、実際は、少し違っていたようです。

ある日、企画書作りの仕事を任された木村主任は、ワクワクしながら取り組みました。

パワーポイントの使い方は、慣れていましたが、本格的な企画書は、はじめてなので、まず本を買って勉強しました。企画書作りの本は、いろいろありました。例えば、魅せる企画書、A4サイズ一枚で書く企画書、とおせる企画書などの本がありました。みんな似たような内容でしたが、ある本に、格好いい企画書のテンプレートのDVDがついていたので、その本を買いました。

早速、企画書のテンプレートを利用して作成し、先輩に見ていただきました。企画の概要は、先輩から簡単なメモをもらっていたので要点は、わかっていましたから、比較的簡単にできました。しかし、企画書を見た先輩は、開口一番、「文字が小さいな、プレゼンの時に役員から真っ先に指摘されるよ」、木村主任は、「えっ、まず企画の内容を検討するのでは?」という疑問がありましたが、その後も、いろいろな指摘を受けてしまい、結局、残業して修正しました。

翌日、先輩に見ていただくと「全体の色合いが悪いな、プレゼンは、見栄えが大切だからね」と指摘されました。色合いが悪いと言われてもパワーポイントの標準色を使用しているし、木村主任には、なすすべはありませんでした。隣の席の女性にそっと聞くと「あの先輩は、原色が好きじゃないから、淡い色を使った方がいいですよ」と教えてくれました。

またその日も残業して、何とか色合いを修正し、翌日、先輩に見ていただきました。

「だいぶ良くなったね、ちょっとじっくり見させてよ。修正箇所があったら、赤文字で加筆して渡すから」

ホッとしたのもつかの間、企画書が真っ赤になって返ってきました。

・問題点が深掘りされていない。

・この改善案では、目的が達成されるとは読み取れない。

・目的の表現が曖昧、等々

表紙には、「明日の午前10時からプレゼンですから、それまでに修正お願いします」というメモが付いていていました。

2 今日も、企画書作りで残業だ、いやだなぁ……

木村主任は、これでは企画書作りと言うより、単なる資料作成係りだと思いました。
木村主任が、企画書作りが大嫌いだった理由は、
① 企画内容を考えるメンバーでは、なかったこと。
② 企画書をパワーポイントで作るだけの資料作成係りになっていたこと。
③ 問題点の深掘りや目的の表現など、大事なことを最初に検討せずに、細かい指摘で何度も作り直しを指示されたこと、などでした。

木村主任が、期待していたことは、企画書作りは、ちょっと大変でも、
・企画内容を効率的に、かつ効果的にワクワクして検討できるスキルを身につけ、
・パワーポイントでわかりやすい企画書を作り、
・効果的なプレゼンができるようになりたい。
だったはずです。

私は、情報技術開発株式会社で約30年間のビジネスマン経験を経て、2010年に教育訓練事業を起業、自ら考え、自ら提案、自ら行動できる「稼げるビジネスパーソン」の育成を応援している『「仕事品質」改善教室』の大島道夫です。

「稼げる」という表現は、ちょっと露骨ですが、何もお金のことだけではありません。誰もが周りから認められたい、自分の夢を実現させたい、自己実現させたいと願っているはずです。そしてある程度のお金も必要でしょう。私は、これらをひと言で「稼げる」と言っています。私は、あなたが「稼げるビジネスパーソン」になれるように、本気で応援しているちょっと変わったコンサルタントかも知れませんね。

さて、企画書がうまく作れない理由の多くは、木村主任のように企画書作りを上司から依頼されて、いきなりパワーポイントなどで作成しているからです。その前に企画書を見える化して、よ～く考えるための道具、「トライアングル思考法」のワークシートを一枚書くだけで効率良く、説得力のある企画書を作れるようになります。

そうすると、どんどん企画書を作りたくなって「その企画、私にやらせてください！」と言いたくなるでしょう。

あなたは、企画書作りが、苦手で損をしていませんか？

さあ「トライアングル思考法」をあなたの武器にして自分の仕事に自信をつけて、明るく、楽しく、元気よく仕事ができるようになりましょう。

そして、**「トライアングル思考法」は、あなたが評価されるブランド**となることでしょう。

第二の法則

お客様にとって価値があるモノが「ねらい」

「どうしたらいいんだろうか……」

サンキューソリューション（株）営業部の木村主任は、パソコンを前に途方に暮れていた。「どうしたんだい、木村主任らしくないね」鈴木部長も心配そうに声をかけてきた。

「（株）ＡＢＣ工業向けの業務改革提案の企画書を作成しているのですが、ちょっと手詰まりなんです。先輩からもアドバイスをいただいて修正しているのですが、あちこち修正しすぎて、主旨がわからなくなってしまいました」

鈴木部長は、「どら、ちょっと見せてごらん」と企画書にひととおり目をとおして、これ以上、ひとりで修正を続けても無理なことがわかった。

「そうだね、このままでは、ちょっと難しいね。気分転換に、一度、私が知っているコンサルタントに相談してみてはどうかね。ちょうど先ほどメールが来て、明日、会う約束をしている。木村主任も同席するといいよ」と言ってくれた。

翌日、木村主任は、業務改革コンサルタントの野上社長とお会いした。

「鈴木部長に聞いたよ、企画書作りで困っているらしいね」

木村主任は、「お恥ずかしいのですが、おっしゃるとおりです」と言いながら企画書を野上社長に見せ、アドバイスを待った。

「この企画書の概要は、どのようなものですか」

「当社のお客様の（株）ＡＢＣ工業向けの業務改革提案で、テーマは、調査工数削減です」

「なるほど、ところで調査工数と言っても、いろいろな調査工数があると思いますが、どのような調査工数ですか」

「ええと、お客様は、製品開発部門ですので既存製品のいろいろな情報を収集する調査だと思います」

「そうですか、いろいろな情報の調査ですか……、では、目的に書かれている調査にかかる工数削減というのは、どの程度、削減するのですか」

「ええと、その目的の文言は、先輩からの指示だったため、詳しくは、わかりません」

「そうですか……、今日、お時間があれば、一緒に企画内容を整理しましょうか」

木村主任は、鈴木部長の顔を見ながら返事を持った。

「木村主任に、時間があるならそうしていただきなさい。野上社長への御礼は、私からしておくからね」

1 一般的な問題解決手法を学ぶ前にやることがある

「木村主任は、問題解決手法というのは、勉強したことがありますか?」

「はい、今回も企画書作りのために何冊か本を買って勉強しました。なぜなぜ分析やロジックツリーなどで問題を分析したりする手法ですね」

「そうですね、しかし、私は、一般的な問題解決手法の前にもっと大切なことが必要だと考えています。**それは、「何のためにそれをするのか?」という目的・ねらいを設定する力が大切だと言うことです**」

「目的は、この企画書にも書きましたが……」

「**しかし、木村主任は、その目的を明確に答えられていません。失礼な言い方で申しわけありませんが、目的という言葉が、ただ書いてあるだけです。恐らくこれでは、お客様**

にとって価値がある、魅力がある目的ではないでしょうね」

さすがにそこまで言われると木村主任もちょっと面白くなかった。しかし、ワラにもすがりたい今の状況では、素直に受け止めるしかなかった。

「ではこれから、私が推奨している『目的達成手法』と言う方法論を解説します。これは、図－1のように『企画力』と『提案力』で構成されています。『企画力』では、まず「何のためにそれをするのか？」という目的・ねらいを明確にします。目的が明確になると、手段は自ずと見えてきます。

(1)「何のためにそれをするのか？」
(2)「何をするのか？」
(3)「どうやってやるのか？」

木村主任が作成した企画書には、(3)「どうやってやるのか？」については、詳しく書かれています。しかし、(1)「何のためにそれをするのか？」は、残念ですが、明確に答えられませんでした。コストを負担するお客様の意思決定者は、この目的・ねらいを一番重要

第一の法則
第二の法則
第三の法則
第四の法則
第五の法則
第六の法則
第七の法則
応用編

図－１　目的達成手法

目的達成手法

企画力

(1)「何のためにそれをするのか？」
(2)「何をするのか？」
(3)「どうやってやるのか？」

↓

『トライアングル思考法』

提案力

(1)　問題発見
(2)　問題分析
(3)　解決策立案
(4)　調整根回し
(5)　提案プレゼン
(6)　交渉
(7)　意思決定のためのアプローチ

「目的達成手法」は、お客様の業務改革の目的を達成するための手法です。

そのためには、提案力だけではなく、まず企画力が必要です。

一般的に企画提案力とも言われますが、「企画力」と「提案力」に分けて考えることにより、その内容が具体的になります。

「トライアングル思考法」は、企画力のひとつとして、目的・ねらいや問題点などの７つの項目を見える化して、よ～く考える思考法です。

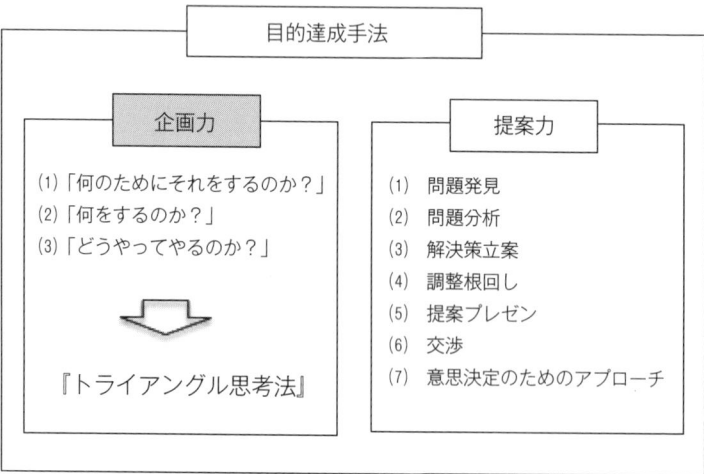

視しますからね」

木村主任は、そういえば、鈴木部長からも同じことを言われたことを思い出していた。

「目的とねらいって大事なんですね」

「そのとおりです。企画がとおるか否かは、目的・ねらいの明確化だといっても過言ではないでしょう。なお目的とねらいは、それぞれ定義が違うので、また後で詳しく解説しますね。ここでは、わかりやすく話すために『目的・ねらい』と表現してお話ししますね」

「おっしゃることは、理解できますが、具体的には、どうしたらいいんですか」

野上社長は、「まあ、そう焦らずに、続きを聞いてください」と言って、鞄からA3サイズの資料を出してこう言った。

「これは、『トライアングル思考法』という方法論のワークシートです。先ほどの『企画力』のひとつとして開発したものです。このワークシート（図-2）には、①ねらい、②目的、③問題点、④原因、⑤解決策、⑥改善目標、⑦コストの7つの項目が三角形の形に

図－2 「トライアングル思考法」ワークシート(1)

基本テンプレート：四角の枠の中に企画内容のポイントを記入します。

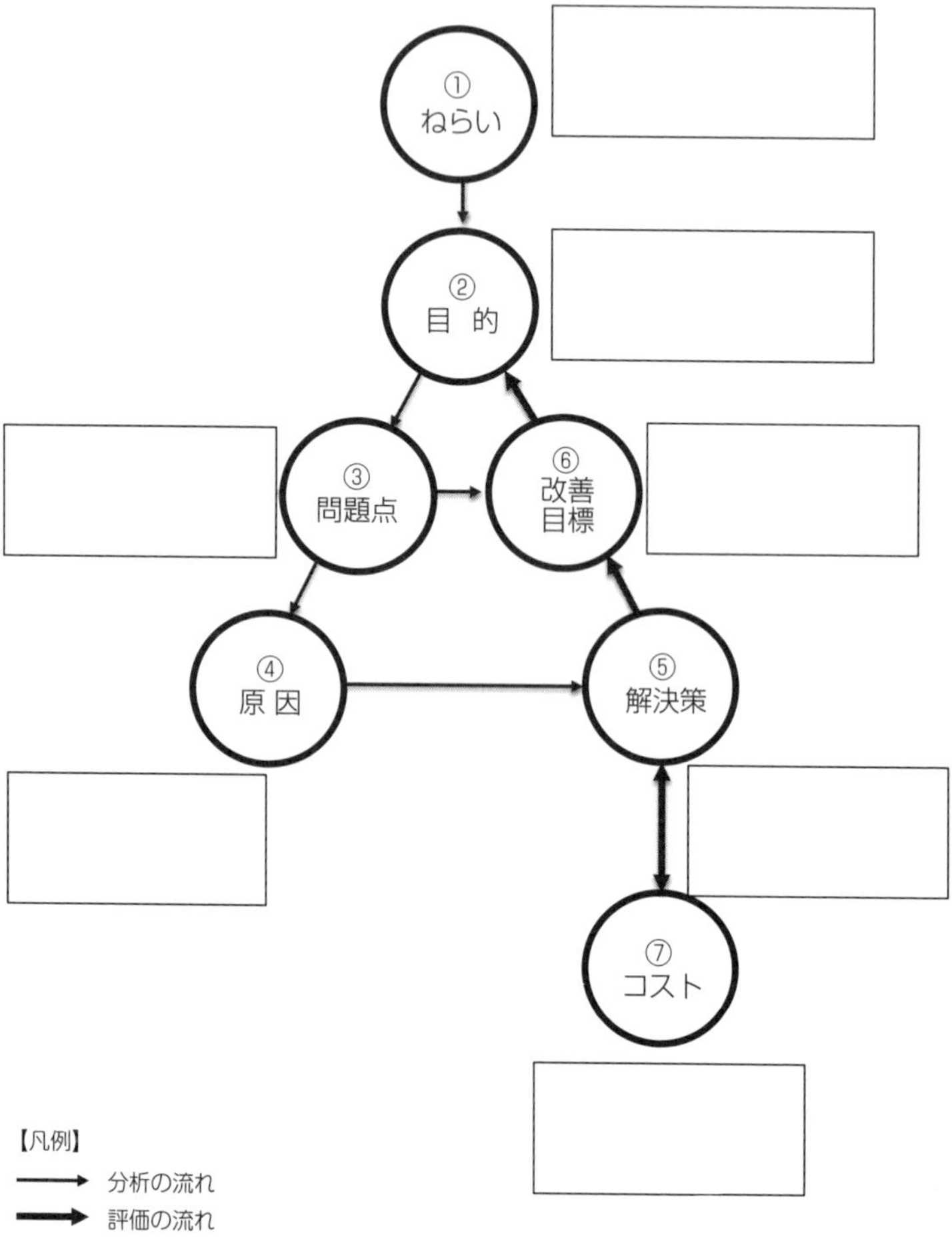

置かれています。またその考え方と5W2Hの関係が書かれています。（図－3）

この7つの場所に現在、企画書に書かれている言葉を入れてみると矛盾が見えてきます。

つまり、木村主任が悩まれていることが見える化できるツールです」

木村主任は、A3サイズの「トライアングル思考法」ワークシートをのぞき込んだ。

「これは、はじめて見ました。この矢印は、何ですか？」

各項目が、三角形に置かれているから『トライアングル思考法』と言うのですね。

「この矢印の向きで、あれこれと考えるのです。そうすると言葉の矛盾が発見できるんですよ。簡単でしょう？ 早速やってみましょう」

2 企画は、どこからやってくるのか？

「最初に、目的に書かれている調査にかかる工数削減というのは、誰が言ったのですか」

「先輩からの指示でした」

「なるほど、その先輩は、誰からの指示だったのでしょうか」

「さあわかりませんが……でもなぜそれを気にするのですか」

図－3 「トライアングル思考法」ワークシート (2)

＜①ねらい～⑦コストの考え方と5W2Hの関係＞

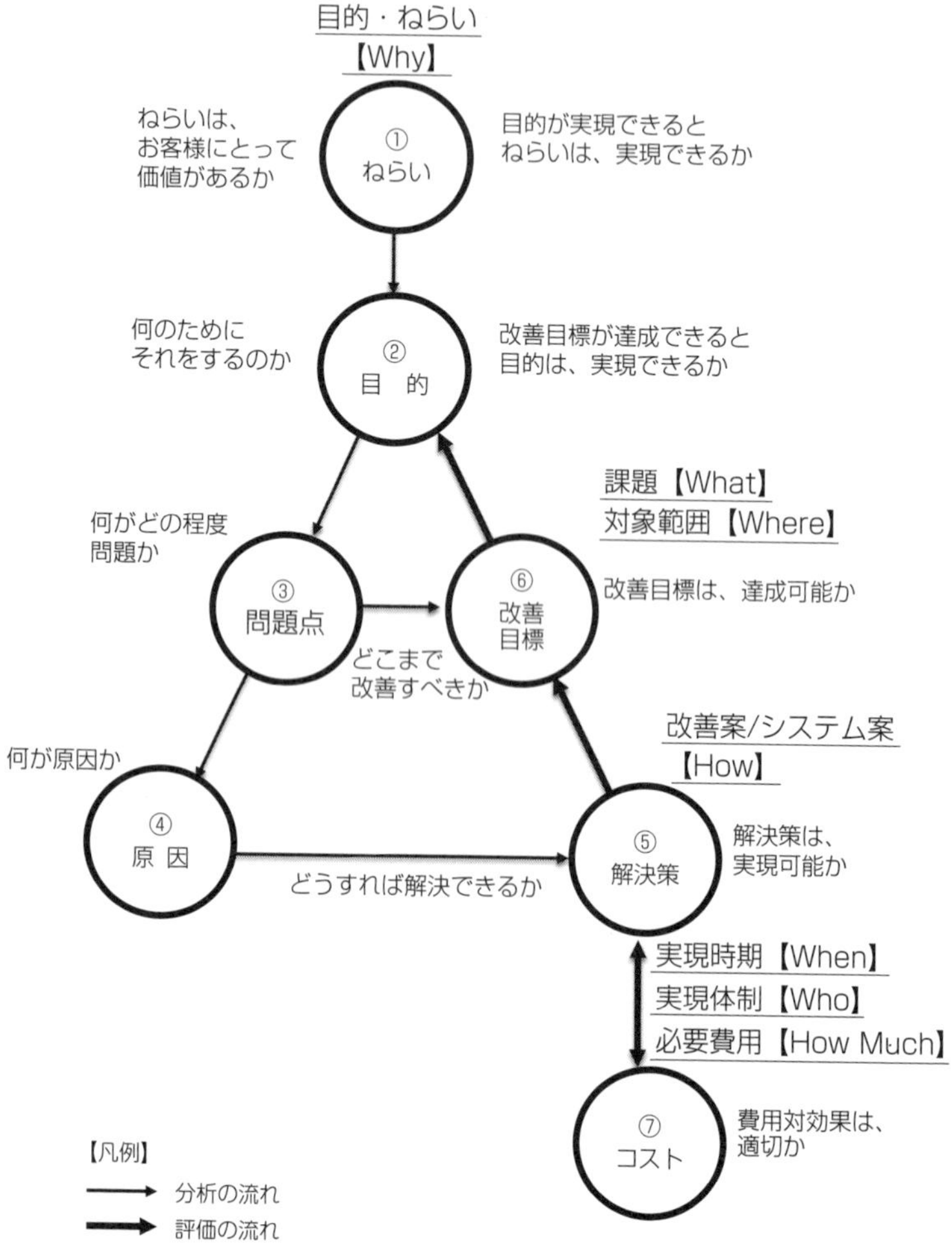

「企画のテーマとなったきっかけを確認したいのです。全てとは言えませんが、企画のテーマのきっかけは、つぎの3パターンに別れ、その企画がとおるか否かのポイントにもなります。

(1) お客様または自社の意思決定者から、『これを検討せよ』とテーマを与えられる場合
(2) 現状、既に問題があり、これを整理して、改善テーマを企画する場合
(3) 問題も目的も曖昧だが、何とかしようと、その後の検討会などでテーマが決まる場合

特に(1)の場合は、企画そのものが形骸化する傾向があります。お客様または自社の意思決定者からの『これを検討せよ』は、部下からすれば、イコール実行せよと解釈されがちで、目的・ねらいは、後付けになってしまう場合もあります。また、その企画が上手くいかない場合の言い分としては、『検討せよ』と言っているだけで『実行せよ』とは、言っていない、と言い寄ります。

第一の法則
第二の法則
第三の法則
第四の法則
第五の法則
第六の法則
第七の法則
応用編

いずれの場合も、既に設定されている目的・ねらいは、不十分なケースが多いために再確認することが大切です。この時に『トライアングル思考法』を使うと効果的ですよ」

木村主任は、はたと気がついた。今の企画書の手詰まりは、目的・ねらいなどを自ら再確認せずに先輩から指摘されたことを、都度、修正していた。その指摘も部分的だったために企画書のシナリオがボロボロになってしまったのが原因だった。

木村主任は、あらためて「トライアングル思考法」のワークシートを手に取り、すぐにでも取りかかりたいと思っていた。その時に野上社長のつぎの質問が飛んできた。

3 お客様の究極的な問は「それで、我が社はいくら儲かるのか」である

「木村主任、ワークシートの作業の前にもう少し、解説させてください」

「あっ、はい。宜しくお願い致します」

「もし木村主任が、お客様の社長の立場だとしたら、この企画書に書かれている調査にかかる工数削減という目的に納得しますか？」

「……それは、現状、調査工数が多いことが問題視されているので、調査工数が削減できるのは、よいことだと思います。たぶん残業もかなり減るでしょうね」

「なるほど……、木村主任は、本当に社長だと思ってくださいね。調査工数が削減されるとどうなりますか」

「生産性も向上しますし、残業も減ります」

「残業が減ると？」

「予算オーバーにならずに適正な利益が得られます……そうか、なるほど！」

「今の質問は、誘導質問のようでしたが、木村主任に気がついてもらいたい一心のことです。ご容赦ください」

「さあ、今までのことをワークシートに書いてみましょう。まず、調査にかかる工数削減を、①目的の枠に書いてください。この、①目的は、まだ仮だと思ってください。これから更に具体的にしていきます。つぎに、②ねらいの枠に調査担当者の残業を減らすと書きましょう。もちろんこの、②ねらいも仮置きとします」

木村主任は、ワクワクしながら書き込んでいった。

「野上社長、先ほどおっしゃっていたこの、①目的と②ねらいの違いは、いったい何ですか？」

「さすがは、木村主任、いいところに気がつきましたね。端的に言えば、**目的とは、今回の企画で実現する成果のこと、ねらいとは、目的が実現した後で実現する成果のことです**」

「なるほど、それと先ほど私が社長の立場で意識したのは、ねらいの方でした。調査工数の削減より、残業が減って、利益が出る方がピンときました」

「そのとおりです。つまり、**お客様の究極的な問は、それで、我が社はいくら儲かるのか？**なのです。**このことをお客様にとって価値がある目標という意味で、私は、『価値目標』と命名しています**」

「価値目標ですか、ようやく、目的・ねらいの意味がわかりました。今まで企画書を作るときに、ワンパターンで目的・ねらいを書いていたことが、何だか、恥ずかしくなりました」

「木村主任、そんなことは、ありませんよ。ここまで目的・ねらいに踏み込んだ方法論は、世の中にありませんからね。皆さん、はじめてのことなのです。でも、目的・ねらいをこのように定義して書いてみた感想は、どうでしたか？」

「はい、今までの悩みがすっきりしました。企画の目的・ねらいが整理できて腹落とし できた感じです。なんだか当日のプレゼンで質問されても自信を持って答えられる気がしてきました」

「プレゼンのことを考えるのは、まだ早すぎますね、では、価値目標の具体例を解説させてください」

「そうですね！　何だか嬉しくなっちゃって、失礼しました」

木村主任にようやく笑顔がもどってきた。野上社長も木村主任が素直な人柄で、しかも理解度がよいのに感心し、鈴木部長は、よい部下に恵まれているなと羨ましく思っていた。

4　お客様をうならせる「価値目標」

「木村主任、まだ先ほどの社長の気持ちでいてくださいね」

「はい、わかりました。何だか、ワクワクしますね」

「一般的に、何がどのようになると会社の利益が出ますか？」

「それは、売上増大、生産性向上、シェア拡大、品質向上などの『増えるのがよいもの』と、社員数、工数、コスト、スペースなどの『減るのがよいもの』との差が利益だと思います。」

「素晴らしい、そのとおりですね。今、言われたことを経営における価値目標として一覧表にしたものがここにあります。（表－1）」

表－１「価値目標」一覧表

区　　分		定　　義	例　　示
投資効果の減少項目	①マンパワー	投入人的資源面の改善「省力、省人」	人、工数削減など
	②リソース	投入物的資源面の改善「省資源」	設備、機器、コンピュータ、その他の資源削減など
	③コスト	投入金銭的資源面の改善「経費削減」	原価、経費、資金削減など
成果の増大の項目	①ボリューム	対象業務の成果の量増大	売上、利益、生産量の増大など
	②クオリティ	対象業務の成果の質向上	競争力強化、サービス向上、エラー率減少など
	③タイミング	対象業務の成果のタイミング改善	納期短縮、クイックレスポンス、ジャストインタイムなど
	④ヒューマン	対象業務従事者の能力／モラル改善	能力向上、モラール向上、短期育成など
	⑤セキュリティ	対象業務のセキュリティ改善	事故の減少、安全性の確保、機密保持など
	⑥フレキシビリティ	対象業務柔軟性／変革対応性改善	状況変化、環境変化、ニーズ変化、制度変化など
	⑦ユーティリティ	対象業務の使い勝手／情報提供面の改善	利用者からみた利便性、負担軽減など

木村主任は、これは、よい資料だ、できたら欲しいなと思った。野上社長は、続けた。

「これらの10項目をＡ４サイズ一枚にまとめてあります。これを二つ折りにすると木村主任が今持っているそのＡ５サイズの手帳にちょうど納まります。これをいつも手元に置いておくと企画書作りに便利ですよ。今日は、特別に差し上げます」

「えぇ〜、いいんですか！　ありがとうございます。嬉しいです。あれ？この紙は、ちょっと厚いですね」

「そうです。ふつうの紙ですと使っているうちにボロボロになってしまいますから、チラシなどを作るときに使用するツヤがあって少し厚めの紙に印刷してあります。お客様満足度向上のためのコンサルタントとしての一手間ですね。おっと自慢話になってしまいましたが……」

「いえ、とんでもありません。感動しました。昨日、鈴木部長からコンサルタントに相談してみたらと言われた時は、正直、なんだか面倒臭いと思っていたのですが（失礼）、野上社長は、私の思っていたコンサルタントではなく、クライアントの成長を本気で願っている方なんだと思います。お会いできて本当に感謝しています」

「そう言っていただけると、私も嬉しいですよ。木村主任とこうして出会うことができたのも鈴木部長のおかけですね。感謝しなきゃいけませんね。そのためにもこの企画書をよいものにしましょうよ」

5 企画書の見える化で「なぜ企画がとおらないのか」がわかる！

「さてつぎは、『トライアングル思考法』のワークシートを全部埋めましょう。今の企画書に書かれている文言を書き込みましょう」

木村主任は、見慣れないワークシートに興味を持って書き込みはじめた。

「野上社長、①ねらい、②目的、③問題点、④原因、⑤解決策、⑥改善目標、⑦コストの7つの項目をひととおり埋めました」

「では、木村主任が最初に気がついた項目ごとについている矢印の意味を考えてみましょう。一番わかりやすい、③問題点、④原因から見てみましょうか」

③問題点　技術情報収集に工数がかかる。
↑
④原因　問題分析の方法がうまくない。

「③問題点、④原因に書かれている言葉は、どうですか？　矢印の方向で考えてみてください」

「何かズレていますね」

「そうですね、どこがズレていますか？」

「③問題点は、情報収集の工数のことなのに、その、④原因は、問題分析の方法のことが書かれています」

「そのとおりです。また、今、木村主任は、ズレていると言う表現をしましたね。今までの企画書作りで、先輩から『目的と手段がズレているね』とか『問題と原因がズレているね』とかの指摘を受けたことがありませんでしたか」

「そう言われると、何度も同じことを指摘されていました」

「その時に指摘されたズレは、今の、③問題点、④原因のように明確に理解できていましたか」

「いいえ、漠然とした理解でした。そうか！　だから修正するときに、いろいろ悩んでしまい、また時間もかかっていたんだ」

「今、木村さんが、気がついたように問題と原因がズレていると言う指摘の場合、指摘された方は、何と何がズレているかを明確にできない場合があります。ましてや指摘される方は、先輩であったり、時には、お客様だったりするので、何と何がズレているのですかとは、立場とかメンツから恥ずかしくて聞けない場合があります」

「おっしゃるとおりです。私も同じでした。でもこのワークシートに書くと何と何がズレているのかが、よくわかります。また、わからない場合でも書くことによって客観性が出てくるので、相手に確認することが恥ずかしいことではなくなりますね」

「そうですね、さあこの調子で、どんどんズレを見つけて修正しましょう。私は、ちょっと失礼してメールが届いているかどうかを確認してきます」

野上社長は、わざと木村主任をひとりにして、ワークシートの作業を続けさせた。野上社長は、しばらくしてから木村主任に冷たい缶コーヒーを買って会議室に戻った。

野上社長が、ドアをノックしても返事がなかった。ちょっと迷ったが、会議室には、木村主任しか居ないはずなのでドアをそっと開けてみた。木村主任は、ワークシートに集中している。そのためにドアのノックに気がつかなかったらしい。

「調子は、どうですか」

「はい、一とおりズレをチェックして、修正案を追加してみました」

「お疲れ様、缶コーヒーですが、よかったらどうぞ」

「ありがとうございます。いただきます」

木村主任は、野上社長から教えていただく緊張感と会議室での作業で喉がカラカラだった。冷たい缶コーヒーが、こんなに美味しいと感じたことはなかった。

「野上社長、今の企画書のどこが悪かったのかが、わかりました。これでは、企画がとおらないわけですよね」

「よいところに気がつきましたね。**指摘されたところだけを修正しても企画書がよくなるわけではありません。目的・ねらいを重視すると共に問題点、原因など7つの項目を書き出して、その関係性を見直す。つまり企画書を見える化して、よ～く考えることで、なぜ企画がとおらないのかがわかってきますね**」

木村主任は、これからの企画書作りに手応えを感じていた。この「トライアングル思考法」を自分のものにすれば、他の仕事も上手くいきそうな気もしてきた。これは、絶対に自分の武器になると思った。

6 これならお客様や上司の指摘も怖くない！

「先ほど、木村主任は、いいことを言っていましたね」

「はい、このワークシートに書くと何と何がズレているのかが、よくわかります。また、わからない場合でも書くことによって客観性が出てくるので、相手に確認することが恥ずかしいことではなくなりますね」

「そこなんですよ。**企画書の指摘を受ける場合、相手と一対一の関係になるために立場上、聞けなかったり、恥ずかしかったりして再確認できずに後悔することってありますよね**」

「恥ずかしながら、私の場合、しょっちゅうあります」

「その時にこのワークシートに書いて、相手と一緒になって考えることにより、一対一の関係が弱まり、相手と対等に企画書の不整合を見直すことができます。また自分でもズレを発見できるので、相手に『この部分は、こうなりますね』と逆にリードもできます。**一般的にパワーポイントなどの成果物の見直しは、言葉尻やデザインなどに意識がいってしまい『ここは、おかしい』というような否定的なものになりがちです。しかし、図解化されているこのワークシートは、相手と対等に企画書の不整合を見直すことができるので肯定的な見直しができるわけですね。つまり相手との対等の関係が、自分の仕事に自信を持つことに繋がるわけです**」

「そうか、これならお客様や上司からの指摘も怖くありませんね。それに自分の仕事にも自信を持つことができるかも知れません」

木村主任は、晴れ晴れした顔つきになった。木村主任の顔を見て野上社長も嬉しくなった。

第一の法則のまとめ

(1) 「目的達成手法」とは、「企画力」と「提案力」で構成される。そして企画を検討するときは、まず「何のためにそれをするのか？」という目的・ねらいを設定する「企画力」が大切である。

(2) 既に設定されている目的・ねらいは、不十分なケースが多いために再確認することが大切である。

(3) 目的とは、今回の企画で実現する成果のこと。ねらいとは、目的が実現した後で実現する成果のことである。

(4) 目的・ねらいは、お客様にとって価値のある「価値目標」の視点で設定する。

(5) 企画書は、目的・ねらいを重視すると共に、問題点、原因などを「トライアングル思考法」を利用して7つの項目を書き出し、その関係性を見直す。つまり企画書を見える化して、よ～く考えることで、なぜ企画がとおらないのかがわかってくる。

(6) 「トライアングル思考法」を利用して、相手と対等に企画書の不整合を見直すことができるという関係が自分の仕事に自信を持つことに繋がる。また自分の武器となる。

第二の法則

「ねらい」のためにすることが「目的」

木村主任は、野上社長のアドバイスを受けて、企画書の見直し方法のコツをつかみ、笑顔を取り戻したようです。さて木村主任が、なぜ混乱してしまったのかをもう一度整理してみましょう。その原因は、木村主任だけではなく、どうやら先輩方にもあったようです。

1 実は、指摘する方も、される方も、ごちゃごちゃ？

「野上社長、この『トライアングル思考法』のワークシートで企画内容を整理することで、今まで、どこが悪いのだろうと悩んでいたことがすっきりしました。ありがとうございました」

「それは、よかったですね。それに木村主任が頑張ったからですよ」

「ところで、今まで、他の企画書作りでどのようなことが一番困っていましたか？」

「そうですね……、

『企画書を書くときの言葉がうまく表現できない』

『指摘されたことを修正したのに、また違う指摘をされる、つまり、やり直しの作業』ですかね。特にやり直しの作業は、ムダですし、急ぎと言われるので残業となる場合が多いですね」

「なるほど……」

「企画検討会議では、いろいろなことが検討され、その時には、理解したつもりなのですが、いざパワーポイントで作成する段階になると、あれこれと考え巡らしてしまい、書く言葉に詰まってしまいます。また先輩に見てもらって、いろいろと指摘をいただきますが、あれもこれも指摘されるので頭がごちゃごちゃになってしまいます。

だから企画検討会議や先輩から見てもらう時にこの『トライアングル思考法』のワークシートがあったらやり直し作業がなくなるんじゃないかと思いました」

「ありがとうございます。そうですね、私がこの『トライアングル思考法』を推奨しているのは、そこなんです」

野上社長は、**木村主任の企画書作りが上手くいかないのは、本人のスキルだけではなく、企画検討会議のやり方や先輩の指摘のやり方などにも課題がある**のではないかと、あらためて思った。

「木村主任、『トライアングル思考法』は、**企画書を作る前に「企画をどのように考えるか」に着目しています。**企画書を作るときにわからなくなっている場合は、『どうやってやるのか？』『何をするのか？』『何のためにそれをするのか？』これらが、ごちゃまぜになっていることが多いようですね。**また忙しい先輩は、気がついたところから指摘することが多いので、お互いにどこの部分を指摘し、指摘されているのかが、わからなくなっています。**木村主任が、先輩から指摘されたことを修正したのに、また違う指摘をされる原因は、こんなところにもありそうですね」

2 「分ける」ことで見えてくる

「ちょっと日本語のウンチク話となりますが、聞いてくださいね。『わかる』と言うことは、『分ける』ことなんです。**つまり、ごちゃまぜになっていることは、分けて考えるとわかってきます。**」

「御社では、企画提案力と言う言葉を使いますか?」

「使うどころか、鈴木営業部長の命令で営業担当者は、全員が企画提案力をつけろとハッパをかけられています」

「なるほど、鈴木営業部長は、熱血タイプですから怖いでしょうね」

「あたっていますね、でも私が言ったことは、内緒にしておいてください。お願いします」

「わかりました」

「それで私も一生懸命に研修に参加したり、本を買って勉強したりしているつもりなのですが、パワーポイントなどの書き方のものが多くて、野上社長のように目的・ねらいがいかに大切かを教えてもらう機会は、ほとんどありませんでした」

「企画提案力と一口に考えてもピンときませんが、先ほどの目的達成手法のように『企画力』＋『提案力』に分けて考えるとよいでしょう。一般的な問題発見やプレゼンなどを中心とした研修は、『提案力』に着目したものです。また多くの書籍も同様かと思います。しかし、**家の土台に当たる『企画力』がないといくら提案力を勉強してもよい企画書は、できません。目的・ねらいは、企画書の土台となるものですね**」

「企画書には、具体的な目的・ねらいの設定が大切だと言うことですね」

「そのとおりです。また提案力の部分は、プレゼン研修など目に見えるので格好いいし、外部研修機関も力を入れています。一方、企画力は、理論的なため地味で目立ちません。しかし、目的・ねらいが曖昧な企画をいくら頑張って作成したり、プレゼンしたりしても、お客様にとおらなければ意味がありませんよね」

「ただ頑張るだけでは、ダメなんですね……、私は、今まで頑張って残業していたわけですね。しかし、『トライアングル思考法』を勉強した今は、ただ頑張らなくてもよさそうですよ」

「そう、その調子ですよ。『トライアングル思考法』のワークシートを活用して具体的に考えれば、成果を出すことができますよ。営業部で企画提案力を修得するためにも、是非、『企画力』＋『提案力』と分けてみて、どこを勉強すればよいのかを皆さんで考えてみてください」

「それから企画力という名称は、堅苦しい表現ですから、『何のためにそれをするのか？』と覚えるとよいでしょう。でもこの『何のためにそれをするのか？』の使い方には、注意が必要ですよ」

「どうしてですか？」

「それは、相手がぐさっとくる究極の質問だからです」

「例えば、今回の工数削減の企画検討会議で、木村主任が『ところで今回の工数削減は、何のためにやるのですか?』といきなり質問したらどうなると思いますか?」

「たぶんその場の空気が重くなりそうですね」

「そうですよね、その結果、木村主任は、空気が読めないとか、いきなりそんな質問するな、などと評価を下げてしまうかも知れませんね」

「その時にこの『トライアングル思考法』のワークシートを使うのですね」

「そうです。いきなり言葉で質問すると自分が指摘されたと感じますが、このワークシートを見て、そうか目的・ねらいが不明確だと自ら気がつくとその人も救われるのです」


木村主任は、かつて「先輩、この企画の目的は、何ですか?」「なぜこの解決策になったのですか?」と疑問に思っても素直に聞けなかったことを思い出していた。

その結果、企画書作りばかりが優先され、「何のためにそれをするのか?」が水面下に隠れてしまっていた。その結果ムダな残業が発生していたのだった。


また企画書には、目的・ねらいという言葉は書いていたが、目的・ねらいということをこれほど本気で考えたことはなかった。お客様や上司から指示された言葉をいつものよう

に書いていたことを反省していた。

「野上社長、『企画力』＋『提案力』に分けることで、まず自分が何を勉強しなければならないことがよくわかりました。また、

(1)**「何のためにそれをするのか？」**

(2)**「何をするのか？」**

(3)**「どうやってやるのか？」**

の順番に分けて考えることで、企画内容もよくなるし、仕事が楽になることもよくわかりました」

3 「目的」と「ねらい」の違いがやっとわかった

野上社長のアドバイスを受けて、木村主任は、「トライアングル思考法」のワークシートの目的に「調査にかかる工数削減」、そしてねらいには、「調査担当者の残業を減らす」と書きました。そして、あらためて読み返してみると新たな疑問に気がつきました。

「削減と書いたけど、どの程度削減するのだろうか」

「さて、木村主任、目的・ねらいには、定量的な目標値が必要なことは、ご存じだと思いますが、どうですか」

「私も今、同じことを思っていました」

「そうですか、よかった」

木村主任は、コンサルタントと同じタイミングで会話ができることを嬉しく思った。

「事前調査では、現在、調査工数は、平均60時間かかっています。これを20％削減する目標ですので、具体的には、48時間となります」

「素晴らしいですね、しっかり事前調査できているじゃないですか！　目標値まで設定できているとは、驚きました。素晴らしいですね！」

「では、ここで目的・ねらいの意味をもう一度整理しておきましょうか。ホワイトボードをお借りしますね」

(1) 目的とは、今回の企画で実現する成果のこと。
(2) ねらいとは、目的が実現した後で実現する成果のこと。また相手にとって価値がある目標、「価値目標」の言葉で書くこと。つまり、「ねらい」のためにすることが「目的」である。
(3) いずれも達成度がわかるように数字で示すこと。

木村主任は、野上社長がホワイトボードに書いた言葉を一言も漏らすまいと必死に書き写した。

4 単に「目的」と書かずに「○○の目的」と書くとひらめく！

「さて、今度は、パワーポイントで作成された企画書を私と一緒に順番に見ていきましょう。疑問点があったら、そこで言ってくださいね」
「わかりました、宜しくお願い致します」

第一の法則 第二の法則 第三の法則 第四の法則 第五の法則 第六の法則 第七の法則 応用編

「まず表紙ですね、企画書名は、『システムソリューションご提案書』です」

「………」

「つぎに、『はじめに』です、ここは割愛しましょう」

「つぎに、『目的』のページです。目的は、『調査にかかる工数を20％削減する』です」

「……ちょっと待ってください。何だか引っかかります」

「どこが気になりますか?」

「企画書名が『システムソリューションご提案書』で、目的が『調査にかかる工数を20％削減する』では、範囲というかレベルというか、何だかかけ離れているような気がします」

「なるほど、よいところに気がつきましたね。では、どうしたらよいと思いますか?」

「企画書の対象となる範囲が曖昧に思えるので、範囲を決めた方がよいとか思います」

「そうですね、企画書名が『システムソリューションご提案書』なので、普通は、つぎに来る目的は、システムソリューションの目的と理解されます。しかし、いきなり調査にかかる工数削減の話になるので範囲がわからなくなり、違和感があったのではありませんか?」

「そのとおりです」

「パワーポイントで企画書を作成する場合、紙芝居のようにつぎからつぎへとページが進むために、前のページと違うことが急にでてくるとわからなくなります。また一般的には、目的を書くページのタイトルは、単に『目的』と書く場合が多いと思いますが、企画書を見直していくうちに何の目的なのかを見失うことがあります。木村主任は、そんな経験はありませんでしたか？」

「そうそう、あります、あります」

「では、どのようにすればよいと思いますか？」

「単に、『目的』と書くのではなく、何の目的かを書けばよいと思います」

「素晴らしい！　木村主任は、さすがですね」

「では、具体的にどのようになりますか？」

「今回は、調査工数に関する企画ですから、例えば『調査業務の改善の目的』ではどうでしょうか？　ちょっと言葉が長いかな？」

「いやいや、現段階は、企画内容の見直しですから、わかりやすさを重視しましょう。

多少言葉が長くても日本語をきちんと書く方が関係者にも理解を得られます。言葉が長ければ最後に修正すればいいんですよ」

「なるほど、最初から格好いい企画書を意識するより、自分の残業を減らしたいですからね」

「いゃ〜、残業で苦労している木村主任の言葉には、やっぱり重みがありますね。それから、企画書名が違う場合もありますので併せて検討してくださいね」

5 「目的」は、3点セットの日本語できちんと書く

「ところで調査工数とは、何の調査工数でしたか?」

「恥ずかしながら私が企画検討会議の議事録をよく見ていませんでした。先ほど議事録を見直したらきちんと書かれていました。技術情報の収集工数、影響調査工数、負荷見積り工数、解決方法を求める工数の4種類の工数です」

「なるほど、企画検討会の議事録は、きちんと確認しましょうね」

「では、ワークシートで、①目的、②ねらいと整理してみましょうか」(図1-4)

図－4 「トライアングル思考法」ワークシート(3)

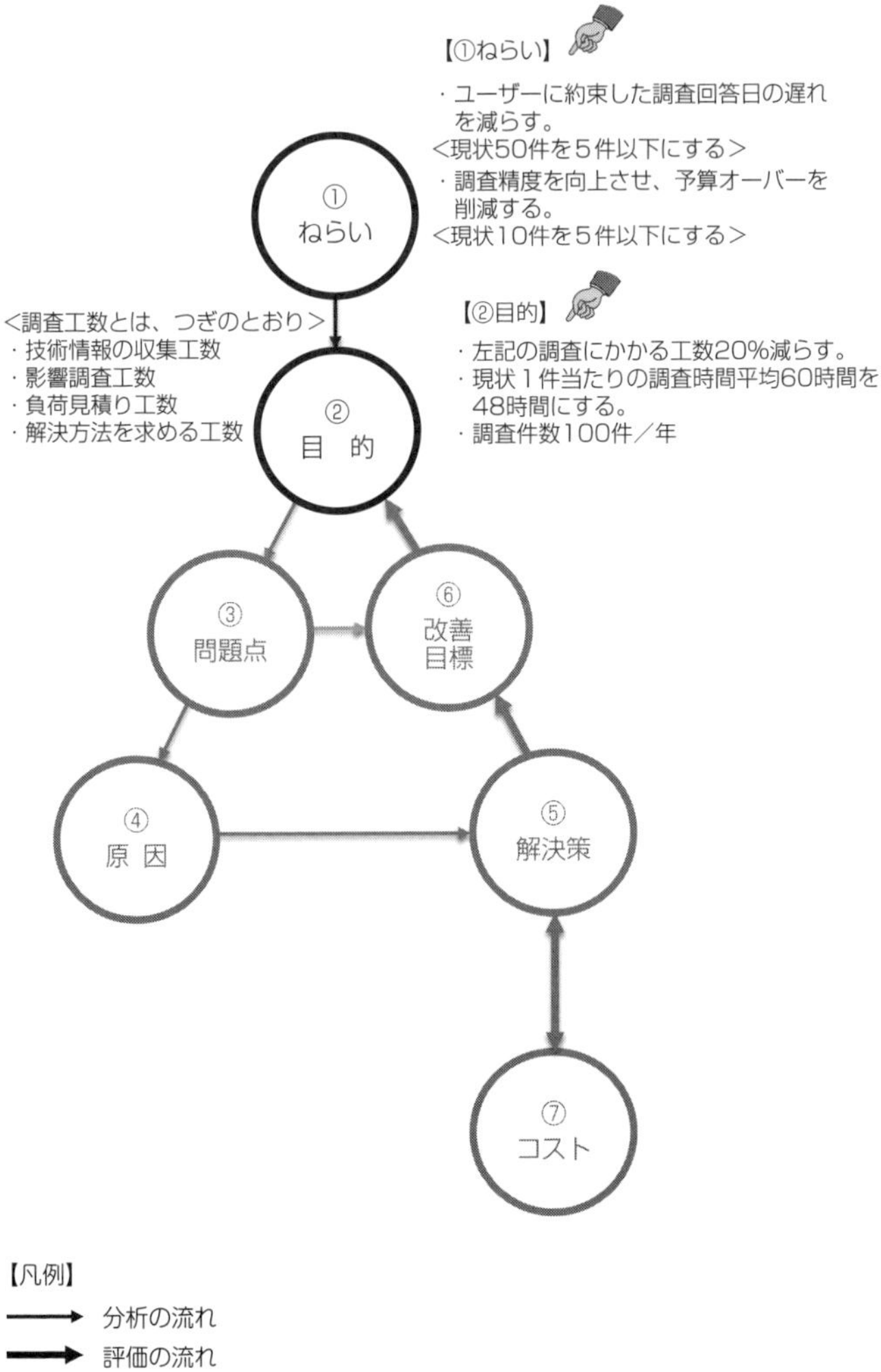
【①ねらい】
・ユーザーに約束した調査回答日の遅れを減らす。
＜現状50件を５件以下にする＞
・調査精度を向上させ、予算オーバーを削減する。
＜現状10件を５件以下にする＞
①
ねらい
＜調査工数とは、つぎのとおり＞
・技術情報の収集工数
・影響調査工数
・負荷見積り工数
・解決方法を求める工数
【②目的】
・左記の調査にかかる工数20%減らす。
・現状１件当たりの調査時間平均60時間を48時間にする。
・調査件数100件／年
②
目　的
③
問題点
⑥
改善
目標
④
原　因
⑤
解決策
⑦
コスト
【凡例】
分析の流れ
評価の流れ

【調査業務の改善】

① ねらい

・ユーザーに約束した調査回答日の遅れを減らす。現状50件を5件以下にする。

・調査精度を向上させ、予算オーバーを削減する。現状10件を5件以下にする。

② 目 的

・調査にかかる工数を20％減らす。

現状1件当たり平均60時間を48時間にする。

・調査工数とは、以下のことをいう。

・技術情報の収集工数

・影響調査工数

・負荷見積り工数

・解決方法を求める工数

「木村主任、どうですか？」

「う～ん、目からウロコです。日本語できちんと書くことでこんなにも目的・ねらいが明確になるとは思いませんでした。私は、パワーポイントで作成するときは、○○向上とか、○○化などと、体言止めで書く方がよいと思っていましたが、それでは理解不足だったのですね」

「プレゼンのこともありますので、最後には、体言止めでもよいと思いますが、**今は、企画書を設計している段階とも言えます。家を建てるときに設計書が必要なように、パワーポイントで企画書を作成する前に企画の設計書が必要なのです。設計書には、関係者が理解し合えるように、具体的な言葉で書くことが必要ですね。この設計書が『トライアングル思考法』のワークシートなのですよ**」

「企画の設計ですか……、はじめて聞く言葉ですが、その意味がよくわかります」

「ありがとうございます。わかっていただけて嬉しいです」

「私の残業は、企画を設計しないで、いきなりパワーポイントで作成したことが原因だったのですね。もっと早くこのワークシートが欲しかったな〜」

「これから『トライアングル思考法』をどんどん活用すれば、生産性がアップして、今までの分をとりもどせますよ。応援していますから頑張ってくださいね」

野上社長は、木村主任の手応えを確認するとホワイトボードに先ほど（43ページ(3)）の続きを書き始めた。

(4) 目的は、つぎの3点セットできちんと書くこと

・対象業務

・品質、コスト、納期の項目

・その項目の定量化、具体化

木村主任は、メモをしながら、これからの自分の仕事のやり方が変わっていくこと、「トライアングル思考法」が自分の武器になることを予感していた。

6 「目的」は、語尾できまる！

「木村主任は、先ほど目的の表現が長すぎると懸念していましたね、最後には、短くしてもいいですが、肝心な語尾を削除してはいけませんよ」

「語尾ですか？」

「そうです。日本語は、語尾に意味がある言葉がきます。先ほどの価値目標一覧表をみてください。それぞれの項目の語尾が『削減』とか『増大』とか『短縮』とか書かれていますよね。今回の目的も「調査にかかる工数を20％減らす」です。別の言葉にすれば、品質（Quality）、コスト（Cost）、納期（Delivery）、つまりＱＣＤのことです。目的には、このＱＣＤをどのようにするかを明確に書いてくださいね」

「なるほど、日本語をそこまで深く考えたことはありませんでした」

「木村主任、ここでちょっと価値目標クイズしましょうか？」

「はっ？　価値目標クイズですか？」

「これからホワイトボードに書きますから、どれが価値目標かを考えてください。価値目標とは、お客様にとって価値がある目標のことでしたね」

(1)　コスト削減
(2)　人的能力向上
(3)　省力化
(4)　標準化
(5)　納期短縮

「さあ、木村主任、何番が価値目標でしょうか？」

「ええと……、⑴のコスト、⑵の人的能力、⑶の省力化……、さては、全部が価値目標ですか？」

「⑷標準化は、どうですか？　価値目標になりますか？」

「ええ、標準化することは、価値があると思いますが……」

「そうですかね？　では何のために標準化するのでしょうか？」

「…………」

「あぁ～、わかりました！　単なる標準化では、価値がわからないですね、例えば、生産性向上のために標準化するならわかります」

「素晴らしい！　そのとおりです。語尾に価値目標が表現されている目的・ねらいならお客様にも理解していただけますね。このワークシートで企画の設計ができてもパワーポイントに書くときに大切な言葉を削除しないようにしてくださいね」

「なるほど、語尾にＱＣＤの価値目標を表現することの大切さがよくわかりました」

7 お客様にとって価値のない企画では、ガンバってプレゼンしてもとおらない

「今、ＱＣＤとおっしゃいましたが、企画の設計段階では、このＱＣＤの順番も大切ですよ」

「ええ〜、ＱＣＤの順番ですか？　野上社長は、本当に面白いことを言いますね」

「まあ聞いてください。今回の企画では、ＱＣＤのうち何を優先しているかです。今回は、調査工数の削減、そして残業時間の削減ですからＣが優先されています。しかし、もう少し考えを発展させて調査工数を削減して、最終的には納期短縮の企画になった場合は、Ｄが優先されます。**このようにお客様の意図することによりＱＣＤの優先順位が変わってくるわけですよ**」

「う〜ん、奥が深いですね」

「今回の企画は、Ｃで大丈夫ですか？　もし、お客様がＤを期待していると、この企画

を頑張ってプレゼンしても秒殺される場合もありますからね」

「なんだか心配になってきました。さっそく明日の企画検討会議で再確認します」

「決して脅かすわけではありませんが、再確認した方がいいですね」


「さて、もうすこしＱＣＤの順番について理解を深めるために木村主任が食事をするときの例え話をしますね。
(1)　木村主任が、お腹が空いていて、少しでも早く食べたい時には、Ｙ家の牛丼を選ぶかも知れません。これはDelivery（納期）優先ですね。
(2)　木村主任が、恋人とディナーをとる時、奮発して豪華なレストランを予約するかも知れません。これはQuality（品質）優先ですね。
(3)　木村主任が、給料日前でお金がないので、お昼に立ち食い蕎麦を食べるかも知れません。これはCost（費用）優先ですね」

「なるほど、わかりやすい例えですね」

「大切なことは、意思決定者である木村主任が、状況に応じて判断するということを理解してください。つまり、ＱＣＤの優先順位は、お客様の意思決定者の判断によって変わると言うことです」

第二の法則のまとめ

(1) 問題解決のための企画は、『企画力』＋『提案力』に分けて考える。そして、『企画力』の項目をつぎの順番で整理する。

① 「何のためにそれをするのか？」

② 「何をするのか？」

③ 「どうやってやるのか？」

(2) 企画書には、価値目標がきちんと書かれていること。つまり、価値目標である「ねらい」を実現するためにすることが「目的」である。

(3) いずれも達成度がわかるように数字で示すこと。

(4) 目的は、つぎの3点セットできちんと書くこと。

① 対象業務

② 品質、コスト、納期の項目

③ その項目の定量化、具体化

(5) ＱＣＤの優先順位は、お客様の意思決定者の判断によって変わる。

第三の法則

「あるべき姿」と「現状」とのギャップが「問題」

企画の肝となる「価値目標」が理解できた木村主任は、今まで残業ばかりしてきた仕事のやり方がなぜ悪かったのかわかりはじめてきた。

「さて、木村主任『トライアングル思考法』の①ねらいと②目的については、ＯＫですか?」

「はい、納得できました」

「では、つぎは、③問題点と④原因を解説しましょう」

「お客様の調査業務の問題点は、何でしたか?」

「ええ……と、これから議事録を確認します」

「おやおや、せっかく企画検討会議をやっているのに、今ごろになって議事録を確認しているのは、木村主任らしくないですね」

「スミマセン、パワーポイントの修正作業を優先していたので議事録をよく見ていませんでした。肝心な議事録を確認しないでパワーポイントばかりやっていたことが恥ずかしいです」

「ワクワクするのもいいですが、これからは、議事録をきちんと確認するようにしてくださいね」野上社長の言葉は優しかったが、野上社長の目が怖かった。木村主任は、一瞬ヒヤッとした。

「は、はい……」

「さあ気を取り直して、一緒に議事録をひとつひとつ確認しましょうよ」

1 問題を見極める

【議事録　お客様とのヒアリング記録】

・お客様が困っていること

(1) 製品の技術情報収集に工数がかかる。現状1件当たり12時間かかっている。これを半減したい。

(2) 負荷見積もりに工数がかかる。現状1件当たり18時間かかっている。これを半減したい。

「お客様が困っていることがきちんと書かれていますね。では、木村主任、ワークシートの③問題点の枠の中には、先ほど何を書きましたか?」

「議事録の内容と同じことを書きました」

「なるほど、でも議事録から転記しただけでは、問題や原因という意味がよくわかっていない場合があるので、問題ミニテストをしましょうか?」

「ええっ、また怪しいミニテストですか?」

「いや、怪しくはありませんよ、いわば理解度ミニテストです」

野上社長は、またホワイトボードに書き始めた。

(1) 伝票を処理するのに5分かかる。
(2) 請求書を締め後3日目に作成している。
(3) 給料が20万円である。
(4) 子供が10歳である。

「さて、木村主任、この中から問題だと思われる番号を言ってください」

「やっぱり怪しいミニテストですね。う〜ん、⑴の伝票処理5分と⑶の給料が20万円は、問題ですね。⑵の請求書の締め日は、問題ありません。⑷の子供の年については、ちょっとわかりません」

「わかりました。ところで木村主任は、『問題とはなんですか？』と問われたらどう答えますか」

「問題とは、ですか……ある事柄で困っていること。つまり期待していることと現実との差ですかね」

「そのとおりですね、では⑴伝票処理と⑶給料20万円が問題だと判断した理由を言ってください」

「はい、先ず⑴伝票処理ですが、1枚の伝票処理に5分は、かからないでしょう。絶対に遅すぎます。⑶給料20万円は、今どき生活できません。結婚もできませんよ！」

「なるほど、面白い考え方ですね。では、⑴の伝票は、どのような伝票をイメージしましたか？　処理とは、どんな処理をイメージしましたか？」

「……やっぱり怪しいミニテストでね。そうか、私が主観的に問題だと思っただけで、野上社長には、その理由を説明できませんね。難しい処理なら5分でも早い場合もあり得ますからね。(3)の給料も20万円でも生活できる方もいるでしょうし、(4)の子供が10歳だということも両親がかなりご高齢で先に亡くなられた場合は、問題かも知れませんが、30歳代なら問題ありませんよね。と言うことは、全部問題じゃないのですね？」

「まあそう言えますね。強いて言えば、期待している、**つまり基準がどれも曖昧なので『問題かどうかわからない』というのが正解でしょうか。すなわち『あるべき姿』と『現状』とのギャップが『問題』だということをご理解いただければと思います**」

「ところで野上社長は、なぜ私にこのミニテストをしたのですか？」

「先ほどの議事録のヒアリング記録に、製品の技術情報収集に工数がかかる。現状1件当たり12時間かかっている。これが問題だから半減したいとありましたね」

「はい、そのとおりです」

「この記録だけみると、ミニテストでやった伝票を1枚処理するのに5分もかかるのと同じ書き方です。**つまりヒアリングで解答された方の主観なのか会社の基準との差異とし**

て問題だとしているのかが明確になっていますか？」

「う〜ん、そこまで確認していません。ちょっと今、先輩に聞いてきます」

「木村主任、今でなくても結構ですよ」

「いや、こういうことは、気になるので即行確認させてください」

と言って木村主任は、会議室を飛び出していった。

その間に野上社長は、木村主任が作成したワークシートの内容を確認し、「はじめてにしては、きちんと書かれているな」と木村主任の地頭のよさに感心していた。

「野上社長、お待たせしました。いま確認して参りました。議事録には、結果だけしか書かれていませんでしたが、ヒアリングの詳細記録もあったので借りてきました。また先輩にも確認しましたが、ヒアリングに参加されたお客様は、現場責任者の部長クラス数人で、調査工数の半減は、トップダウンで降りているとのことです。またこの半減を基準値としていることも確認が取れました」

「木村主任は、仕事が早いですね。いい心がけですよ。やっぱりそうですか、では、お客様にとっては、これが問題であり、その基準と目標値も明確なわけですね」

「そのとおりです。そうか……、議事録を鵜呑みにしていては、いけないんですね。自分で確認することが大切ですね」

「議事録の内容を疑えというわけではありませんよ。**議事録に書かれていることをどれだけ自分が理解しているかを再確認すべきだと言うことです。**今回の調査工数の問題点や基準値、そして目標値を議事録からコピペしただけの場合と、先輩から確認してきたときの木村主任の言葉には、大きな差がありましたよ。今の方が自信をもった話し方ですね。説得力がありました。そうじゃありませんか？」

「そうか、野上社長が『トライアングル思考法』を身につけると仕事に自信が持てるとおっしゃっていた理由がやっとわかりました。自分の考えていることに自信が持てるから言葉にもそれが表れるのですね」

「そのとおりですね、あと企画内容にも自信がつくから、自ずとプレゼンも上手くなると思いますよ、お客様に対する説得力が違います。パワーポイントのデザインやアニメーションが少しくらい悪くても関係ありませんね」

「野上社長、私は、先輩から指摘されるためにびくびくしながら色使いやデザインばかり気にしていました。そんなことで残業していたんですね。情けない……」

「さあ、残りの問題とその原因は、議事録や詳細の分析結果があるので大丈夫でしょう。木村主任、③問題点と④原因は、どのようになりますか？」

今度は、木村主任が、ホワイトボードの前に立ち書き始めた。野上社長は、さっきまでの木村主任とは違って、自信を持っている木村主任を見て何だか嬉しくなった。

【③問題点と、④原因】

・問題点(1)　製品の技術情報の収集に時間がかかる。　現状1件当たり12時間
・原　因　現在の検索システムが使いにくい（以下省略）
・問題点(2)　負荷見積もりに時間がかかる。　現状1件当たり18時間
・原　因　見積もり方法が人によって違う（以下省略）

木村主任は、ホワイトボードにこう書いた。（図－5）

図－5 「トライアングル思考法」ワークシート(4)

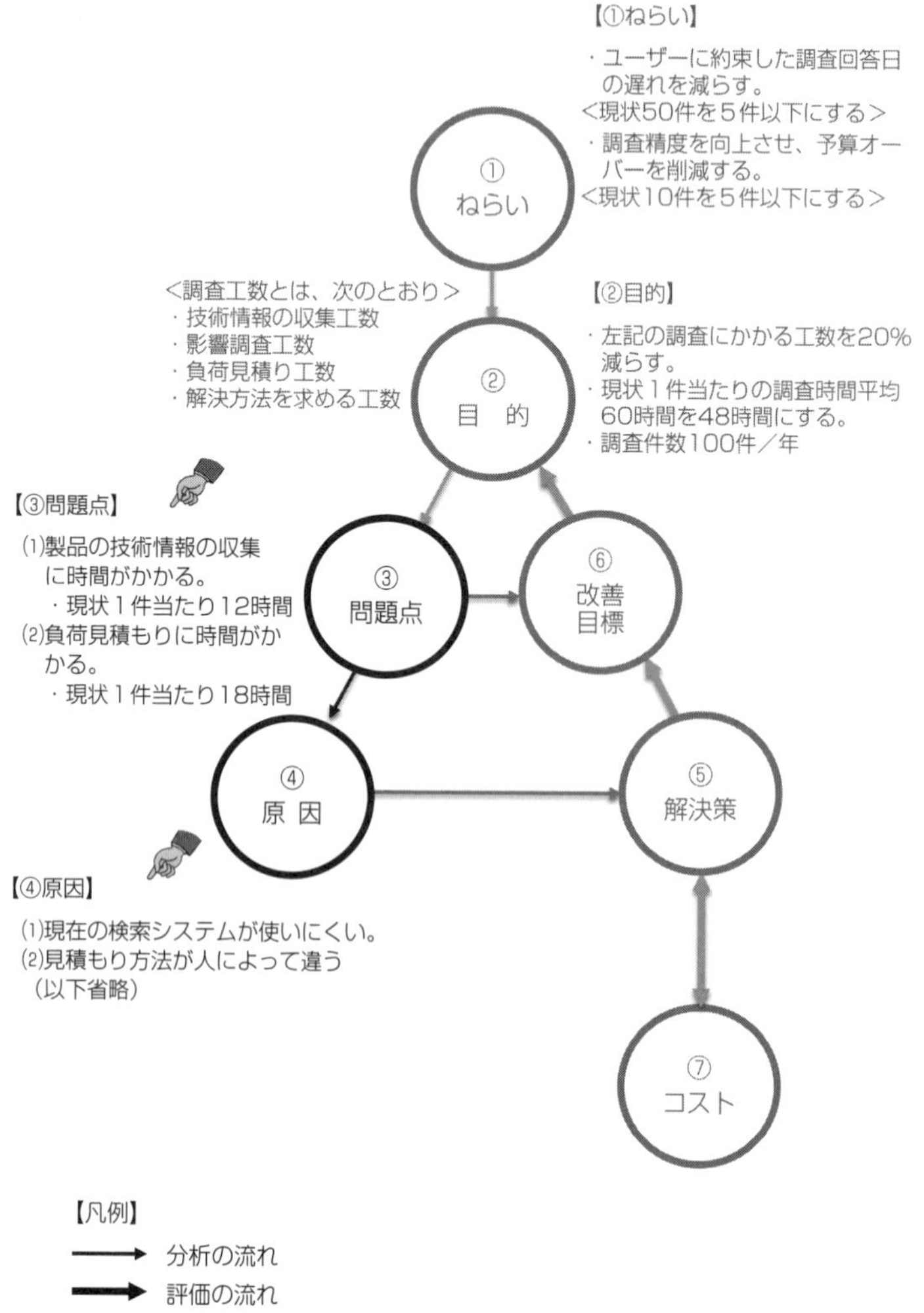
【①ねらい】
・ユーザーに約束した調査回答日の遅れを減らす。
<現状50件を５件以下にする>
・調査精度を向上させ、予算オーバーを削減する。
<現状10件を５件以下にする>
①
ねらい
<調査工数とは、次のとおり>
・技術情報の収集工数
・影響調査工数
・負荷見積り工数
・解決方法を求める工数
【②目的】
・左記の調査にかかる工数を20%減らす。
・現状１件当たりの調査時間平均60時間を48時間にする。
・調査件数100件／年
②
目 的
【③問題点】
(1)製品の技術情報の収集に時間がかかる。
・現状１件当たり12時間
(2)負荷見積もりに時間がかかる。
・現状１件当たり18時間
③
問題点
⑥
改善
目標
④
原 因
⑤
解決策
【④原因】
(1)現在の検索システムが使いにくい。
(2)見積もり方法が人によって違う
(以下省略)
⑦
コスト
【凡例】
分析の流れ
評価の流れ

2　お客様は、実現して欲しいことを要望されるので、問題点は、見えてない？

「さて、木村主任、『トライアングル思考法』の③問題点と④原因については、ＯＫですか？」

「はい、納得できました」

「では、つぎは、⑤解決策と⑥改善目標そして⑦コストを解説しましょう」

「木村主任は、今回の調査工数削減の提案チームには、最初から入っていましたか？」

「はい、最初に鈴木部長とお客様に伺いました」

「そうですか、鈴木部長と一緒に行くことができたのは、よかったですね。勉強になったでしょう？」

「はい、鈴木部長がお客様に食らいつく姿を見たのははじめてでした。それは迫力がありましたね～」

「そこが鈴木部長の凄いところですよ」

「ところでお客様は、今回の調査工数削減の解決策を何か言っていませんでしたか？」

「最初にお会いしたのは、製品開発部の佐藤部長でした。調査工数の半減には、相当思い入れがあり、熱弁だったのを思い出します。ｗｅｂを利用した社内の掲示板の仕組みを構築したいとか、社内のブログを利用したノウハウ検索システムを構築するとか、おっしゃっていました」

「なるほど、お客様の佐藤部長は、既に解決策をお持ちだったのですね。御社は、そのｗｅｂを利用したり、社内ブログを活用したりするシステムを提案されるわけですね！」

「その予定です」

「う～ん、残念ながら、それは企画書とは、言えませんね」

「どうしてですか？」

「私が考えている企画とは、お客様も気づいていない新しいことや、お客様も漠然としていることを具現化して実現することだと思っています。お客様が持っている解決策をそのまま提案してもお客様は、喜ばないでしょう？」

「でも企画検討会議でもそう決まったことですし、今さらひっくり返せないですよ」

「まあ焦らないでください。何もこの企画書をひっくり返そうとしているわけではありません。これから解説する⑤解決策と⑥改善目標そして⑦コストが、①ねらい、②目的に結びついていれば、よいのです。それをこれから検証しましょう」

「スミマセンが、よく理解できないのですが……」

「私の言葉が足りませんでしたか、『トライアングル思考法』のワークシートをもう一度見てください。①ねらい～④原因までの矢印の流れでは、いろいろな分析をしてきたわけですね」

「はい、そのとおりです」

「これから解説する⑤解決策と⑥改善目標そして⑦コストは、①ねらい②目的が達成できるかの評価の流れになります」(図－6)

「う～ん、なるほど。ワークシートが三角形になっている意味がまたわかりました。分析の流れと評価の流れですね」

「いかがですか？」

「でも先ほど、お客様が持っている解決策をそのまま提案するのは、意味がないとおっしゃっていた件とは、どう繋がるのですか？」

「いま木村主任は、いい言葉をつかいましたね。どう繋がるかです。つまりこのワークシートの①ねらい〜⑦コストまでの言葉がロジカルに繋がれば、ＯＫなんですよ。**すなわちお客様が言われている⑤解決策をそのまま企画するのではなく、①ねらい〜⑦コストまでの言葉がロジカルに繋がっているかを確かめること、つまり検証することが大切なのです**」

「いいですか木村主任、**お客様から言われたことではなく、自ら検証した言葉には、説得力があります。また御社では、問題分析がしっかりできているので問題点も明確ですからお客様への説得力のベースにもなっていますので大丈夫です**」

「お客様は、実現して欲しいことを要望されるので、問題点は、見えてないことや漠然としていて整理されていない場合があります。この企画書なら、お客様は、我が社の問題点をよくここまで整理してくれた。と喜ばれますよ」

図－6 「トライアングル思考法」ワークシート(5)

<評価の流れ>

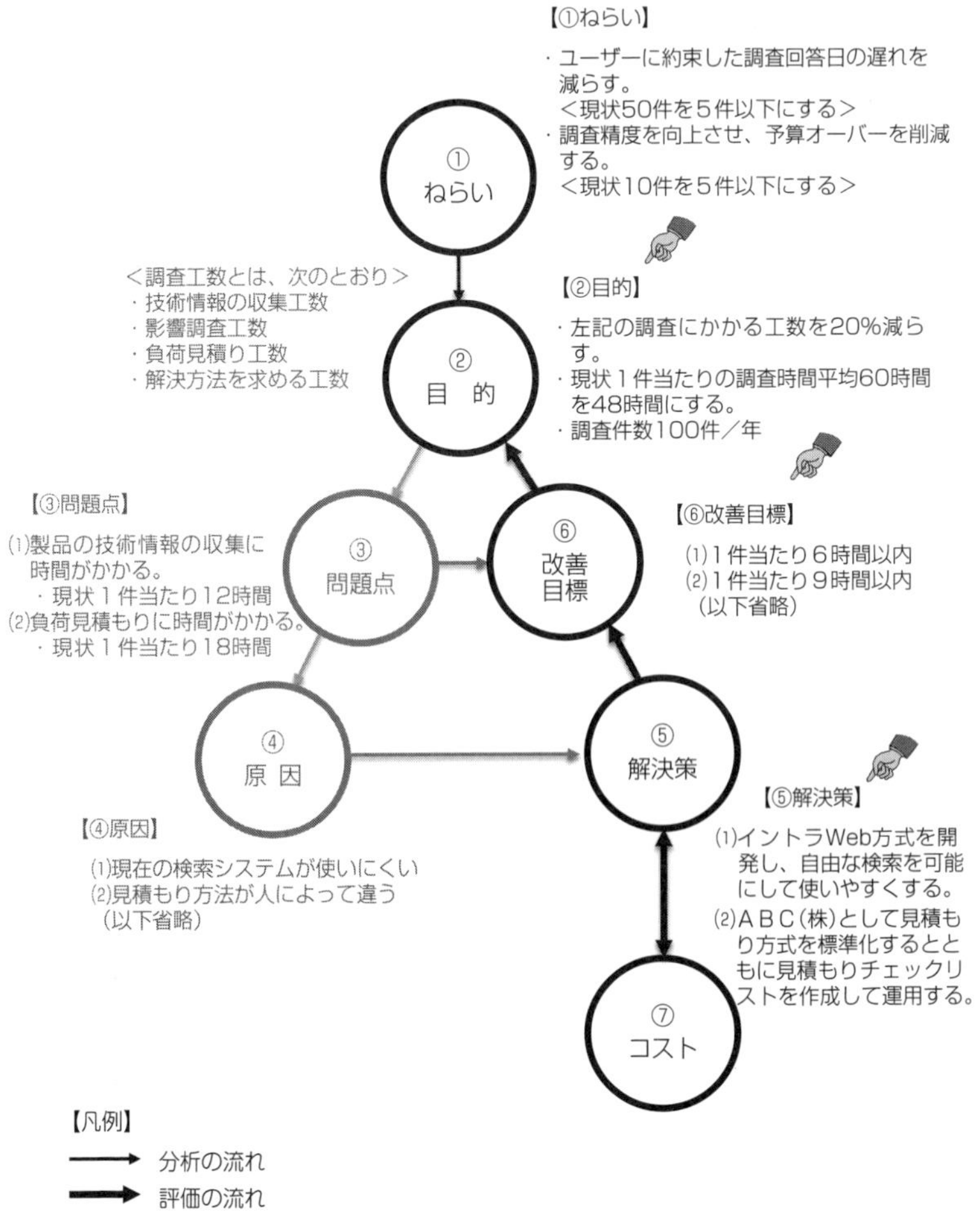
【①ねらい】
・ユーザーに約束した調査回答日の遅れを減らす。
<現状50件を５件以下にする>
・調査精度を向上させ、予算オーバーを削減する。
<現状10件を５件以下にする>
①
ねらい
<調査工数とは、次のとおり>
・技術情報の収集工数
・影響調査工数
・負荷見積り工数
・解決方法を求める工数
【②目的】
・左記の調査にかかる工数を20%減らす。
・現状１件当たりの調査時間平均60時間を48時間にする。
・調査件数100件／年
②
目　的
【③問題点】
(1)製品の技術情報の収集に時間がかかる。
・現状１件当たり12時間
(2)負荷見積もりに時間がかかる。
・現状１件当たり18時間
③
問題点
⑥
改善
目標
【⑥改善目標】
(1)１件当たり６時間以内
(2)１件当たり９時間以内
（以下省略）
④
原　因
⑤
解決策
【⑤解決策】
(1)イントラWeb方式を開発し、自由な検索を可能にして使いやすくする。
(2)ＡＢＣ(株)として見積もり方式を標準化するとともに見積もりチェックリストを作成して運用する。
【④原因】
(1)現在の検索システムが使いにくい
(2)見積もり方法が人によって違う
（以下省略）
⑦
コスト
【凡例】
分析の流れ
評価の流れ

3 問題、原因、課題、リスク、難題そして宿題を理解すれば頭もスッキリ

「さて木村主任、ここでミニテストをやりましょう」

「出ましたね、野上社長の怪しいミニテスト！　だんだん楽しくなってきました」

「そうそう、その調子です。学んだことをその場で確認すると理解度が高くなりますからね」

・問題とは?

「では、問題の定義とは、何でしたか?」

「はい、**目標や基準、あるべき姿と現状とのギャップのことです。なおギャップがわからない場合は、問題とは明言できない場合もあり得る、**です」

「正解！」

・課題とは？

「では、課題とは何ですか？」

「それはまだ教えてもらっていませんが……」

「教えてもらっていない？　それではダメです。これは、テストなんですから、少しは、自分で考えてくださいね」

「急に厳しくなりましたね」

「それは、お互いがわかり合えてきた証ですよ。さあ、課題とは、何ですか？」

「ええと……問題を解決するためにやらなければならないこと。ですか」

「おしい！　半分正解です」

「と言うことは、50点？」

「意地悪は、やめて、まあ正解と言ってもよいでしょう。しかし、私が提唱する企画力としては、もう少し深掘りした定義が必要です。そうすることにより、より具体的に企画することができますからね」

私は、このように考えています。（図－7）

(1) 問　題

・あるべき姿と現状とのギャップのこと
・一般的には、マイナス面のギャップを問題とするが、プラス面のギャップも計画との大きな誤差を問題視する場合もある。

(2) 原　因

・ある問題を引き起こしている事柄のこと
・原因が複数ある場合は、問題の解決に効果がある原因を見つける。真の原因を追及することにこだわらないようにする。ビジネススピードが求められる現在は、問題の解決に効果がある原因をはやく見つける視点も大切である。

(3) 課　題

・目的達成のために解決すべき問題のこと
・解決の見通しのある問題のこと
・①応急処置と②再発防止の視点で対応する。またa．重要性とb．緊急性の視点で管理し、これらを踏まえて今回の企画でどれを取り上げるかを検討する。
・課題を人に説明するときには問題点，原因，解決策および改善目標をセットにして説明するとわかりやすい。

(4) リスク

・組織の収益や損失に影響を与える不確実性のこと。しかし、ここでは、リスクの定義や管理手順をとやかく言うのではなく、心配なことをリスクとして扱い、発生確率を低く設定するなどして、チームでの共有化を推奨する。

(5) 難題

・原因は、わかっているが、その原因を何らかの制約で解決できないこと。この場合は、課題と表現せずに難題と表現して区別する。難題を企画して提案しても実現不可能では、お客様に迷惑がかかるし、自分の会社もビジネスにならない。

(6) 宿題

・自分が担当しているのにまだ終わっていない課題のこと。
宿題は、自分の責任で必ずやること。

「問題、原因、課題、リスク、難題そして宿題ですね。わかりやす～い！ ここまで考えてみませんでした。でもこのように整理すると頭がごちゃごちゃしないで助かります。

スッキリしました」

「ひとつ質問があります」

「遠慮なくどうぞ」

「リスクは、心配事でよいとのことでしたが、当社では、リスク管理の手順が決まっていて細かいことまで手順どおりにやっていますが……」

「もちろん、その手順どおりにやってくださいね。でも運用面では、ちょっと工夫して欲しいことがあります。例えば、リスクではないかと気がついた人が、リーダーに報告したとします。その時にリーダーが、そんなのは、リスクではないと冷たく却下した場合は、その人は、二度とリスクを報告しないでしょう。**そうするといくら手順どおりにやっても形式だけになってしまい、チームがひとつになりませんよね。私は、リスク管理ばかりするのではなく、いろいろなリスクに気がつくことを大切にした方が、本当の意味でリスク回避できると思っています。またその方がチームをひとつにできますからね**」

「野上社長の言葉には、説得力がありますね」

「説得というより、実体験ですらね。私は、品質管理をはじめ、リスク管理も公的な資格を持っていますが、**規格への適合を優先した手順より、チームで運用するときの心が大**

切だと気がついたんですよ」

「例えば、どんなことがありますか?」

「御社もリスク管理表などをお使いだと思いますが、その管理表の項目にリスク抽出者などの項目があって、全てリーダーの名前が書かれていた場合は、チームメンバーは、リスク管理表の存在すらも知らなく、リーダーひとりでリスク管理をやっているかも知れませんね。そして、リーダーは、言うでしょう。『管理部門から手順どおりにやれとうるさく言われるのでしょうがなくやっているんだ』もうそうなるとリスク管理をやっている意味がありませんよね。ここまでひどくはないにしても、チームがひとつになったリスク管理方法の方がよいと思いませんか?」

「う~ん、参りました。実は、うちのチームのリスク管理表は、リーダーだけが管理しています。私は、リスク管理表があることは、知っていましたが、リスクをあげたことも管理表の内容を見たこともありません。恥ずかしいです」

図－7　問題と課題の解説

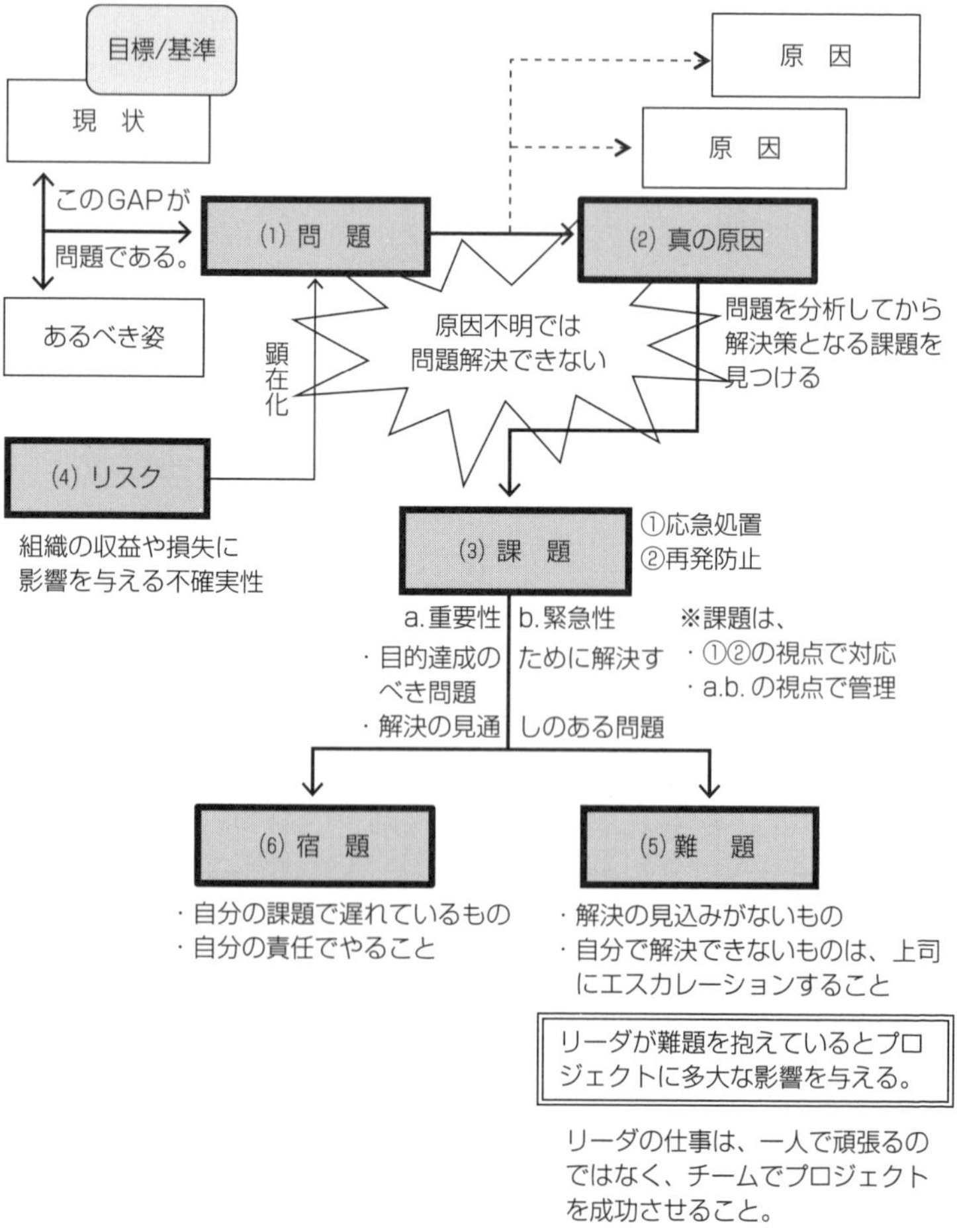
目標/基準
現　状
このGAPが
問題である。
あるべき姿
(1) 問　題
(2) 真の原因
原　因
原　因
原因不明では
問題解決できない
問題を分析してから
解決策となる課題を
見つける
顕
在
化
(4) リスク
組織の収益や損失に
影響を与える不確実性
(3) 課　題
①応急処置
②再発防止
a. 重要性
b. 緊急性
・目的達成のために解決すべき問題
・解決の見通しのある問題
※課題は、
・①②の視点で対応
・a.b. の視点で管理
(6) 宿　題
・自分の課題で遅れているもの
・自分の責任でやること
(5) 難　題
・解決の見込みがないもの
・自分で解決できないものは、上司にエスカレーションすること
リーダが難題を抱えているとプロジェクトに多大な影響を与える。
リーダの仕事は、一人で頑張るのではなく、チームでプロジェクトを成功させること。

「いろいろなことで頭がごちゃごちゃしている場合は、悩んでいないで、まず何らかのキーワードで整理して書いてみるといいですよ。悩みが客観視できてスッキリします。実は、私もずいぶん落ち込んだときがあって、その時にこれを整理したんです。宿題は、自分でやらなければなりませんが、難題まで背負い込むことはない。この難題は、リーダーまたは上司の仕事だ。と割り切ることで気持ちが楽になりました。そうすることで自分の仕事に責任が持てたし、チームとして何をしなければならないかも見えてきましたよ」

「そうだったんですか……野上社長にもそういうことがあったのですね。怪しいミニテストなどと失礼なことを言って申しわけありませんでした」

第三の法則のまとめ

(1)「問題」とは、目標や基準、あるべき姿と現状とのギャップのこと。目標がわからない場合は、問題を把握できない。

(2)議事録に書かれていることをどれだけ自分が理解しているかを再確認することで理解度が深まり、仕事への自信へと繋がる。

(3)「トライアングル思考法」のワークシートの①ねらい〜④原因までの矢印の流れは、いろいろな分析の流れ、⑤解決策と⑥改善目標そして⑦コストは、①ねらい②目的が達成できるかの評価の流れ。

(4)ある手順どおりにやってもうまくいくとは、限らない。チームを一つにするためには、お互いの心で共感、情報共有が大切である。

第四の法則

「問題」を起こしているのが「原因」

「さて、木村主任、企画で大切なことは、お客様が言われている⑤解決策をそのまま企画するのではなく、①ねらい～⑦コストまでの言葉がロジカルに繋がっているかを自ら確かめること、つまり検証することが大切だということを理解していただけましたか？」

「はい、ガッテンです！『トライアングル思考法』の三角形の位置でそれぞれの関係や位置づけがわかり、企画の全体の構造がわかります。そして、矢印で分析と評価の流れがわかります。野上社長、『トライアングル思考法』は、スゴイツールですよ！」

「では、もう少し詳細に③問題点と④原因を解説しますね」

「はい、宜しくお願い致します」

「まず、今までの企画検討会議で整理して、木村主任がワークシートに書かれたことを見せてください」

※　左記は、わかりやすさのために単純化して書いてあります。実際には、問題点は、複数あることが多く、またその解決策も多岐にわたる場合がありますことをご了承ください。

【③問題点、④原因、⑤改善目標、⑥解決策】

・問題点(1)　製品の技術情報の収集に時間がかかる。　現状1件当たり12時間
・原　因　現在の検索システムが使いにくい（他の原因は省略）
・改善目標　1件当たり6時間以内
・解決策　イントラweb方式により、自由な検索を可能にして使いやすくする。

・問題点(2)　負荷見積もりに時間がかかる。現状1件当たり18時間
・原　因　見積もり方法が人によって違う（他の原因は省略）
・改善目標　1件当たり9時間以内
・解決策　ABC（株）として見積もり方式を標準化するとともに見積もりチェックリストを作成して運用する。

「企画検討会議では、問題点を複数あげられていますが、お客様がもっとも重要視している問題点は、

(1)　製品の技術情報の収集に時間がかかる。
(2)　負荷見積もりに時間がかかる。

でよろしいですか？」

「はい、この③問題点と⑥改善目標に関しては、お客様の佐藤部長や現場の部長クラスの方とも内諾を得てあります。しかし、④原因、⑤解決策、⑦コストは、当社の企画検討会議での結論です」

「そうですね、①ねらい、②目的を明確にしたうえで、この④原因、⑤解決策、⑦コストこそが今回の企画の肝ですからね」

「企画検討会議では、問題点やその原因が複数あげられていますが、木村主任として納得度は、いかがですか？　**この『問題』を起こしているのがこの『原因』だと腹に落とし込めていますか？**」

「はい、企画検討会議やお客様との事前調整でもかなり議論されました。私も参加していたのでその点は、大丈夫です」

「それは、心強いですね」

「私も、今回の企画は、プロセスに着目している点が、よいと思っています」

「プロセスですか……」

「ちょっと、ややこしい話になりますね。**端的にいうとプロセスは、仕組みや手順と考えてよいでしょう**。また『ビジネスは、人がプロセスを活用して、結果を生み出している』と言えます。品質管理を勉強すると、よいプロセスは、よい結果をだせる。ということがわかります。**よい結果は、たまたまうまくいったとも言えますが、よい結果を再現できるのは、よいプロセスがある**ということです」（図－８）

「よい結果を再現できるのは、よいプロセスがある。ですか……ちょっとピンときませんが……」

「まあ今日のところは、ピンとこなくてもＯＫですよ。でも覚えておくと次回の企画の時に使えますよ」

図－8

「ビジネスは、人がプロセスを活用して、結果を生み出している」

⑴ 人がプロセスを活用して結果を生み出している流れ。

⑵ 人が結果を見て善し悪しを判断している流れ。

⑶ 結果が悪ければ、プロセスを見直す流れ。

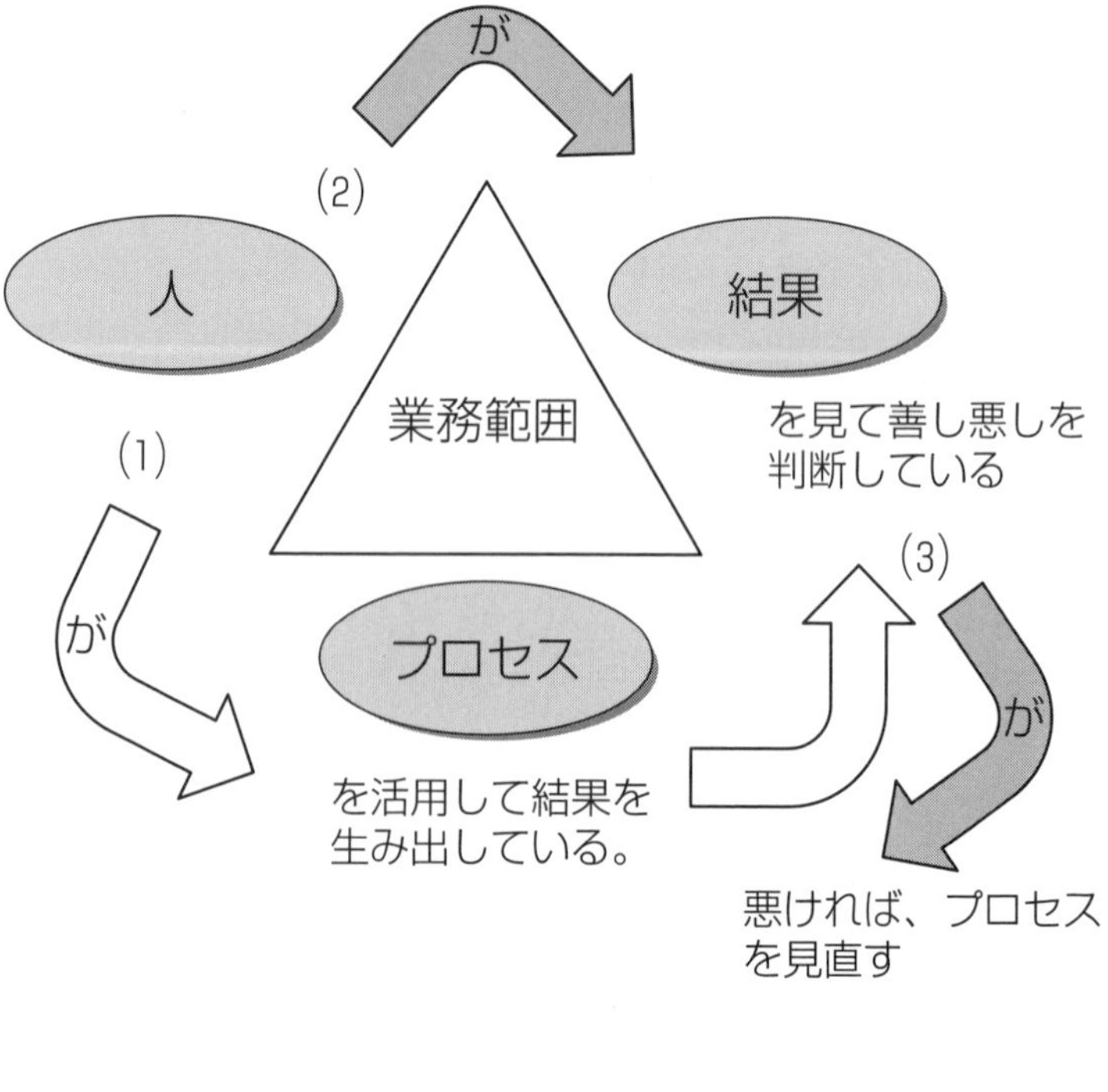

「はい、しっかりノートに書いておきます。この『問題』を起こしているのが、この『原因』、そして、企画は、プロセスに着目することですね！」

1 問題を「ある部分」に分解するとわかりやすい

「今回の企画検討会議では、問題分析をどのような方法でやりましたか？」

「はい、お客様とのヒアリング内容をもとに問題点を付箋紙に書き出して模造紙に貼って皆で議論しながら整理しました。いわゆるＫＪ法（川喜田二郎東京工業大学名誉教授がデータをまとめるために考案した手法である。川喜田二郎のイニシアルからＫＪ法と言われる）に近いやり方ですね」

「なるほど、参加者がよく知っているＫＪ法でやったからよかったかも知れませんね。その時に何か不都合なことがありませんでしたか？」

「不都合なことですか……」

「皆さんで議論したと言うことですが、議論する枠組みなどは、どうされましたか？」

「はあ、特に決めていませんでした。というか、お客様とのヒアリング記録をもとにしていましたから、まあそれが枠組みとも言えますか……」

「そうですか、そのヒアリングは、お客様の全ての業務をカバーした内容になっていましたか？」

「スミマセン、そこまで確認していませんでした。あぁ、でも議論しているときに、そこは、業務範囲外だから違うだろう、などという意見もありましたね。結構、先輩同士で白熱した議論もありました。そのときは、周りの人も困ってしまいましたよ」

「そこです！　業務範囲以外ということは、検討する対象業務があったわけですよね？　その対象業務は、明確になっていましたか？」

「いえ、明確とは言えませんでした。だから先輩同士が声を大きくしていたのですよ……」

「先ほど『ビジネスは、人がプロセスを活用して、結果を生み出している』と言いましたが、人って誰？　プロセスって何？　て思いますよね」

「野上社長がおっしゃりたいのは、お客様の製品開発部の業務と担当者がわかっている

か、と言うことですか?」

「そのとおりです。しかも今回の企画の対象業務とその関係者が明確になっていれば、問題分析時に抜け漏れが防げるわけですね」

「そういえば、その辺は、わかっているようですが、紙に書かれているわけでもなかったので明確だったとは、いえませんでした。また問題分析の結果に、抜け漏れがないかと言われると自信がありません……」

「まあ今回の問題分析は、ヒアリング記録やお客様との内諾があるので問題ないと思いますが、今後の問題分析時には、問題を『ある部分』に分解するとわかりやすい。と覚えておくとよいでしょう。この『ある部分』というのが人であり、プロセスに当たります」

「野上社長、だんだん難しくなってきました……」

「それは申しわけありません。簡単に言うと問題分析時には、お客様の組織図や業務機能一覧などをいただいて、チームで検討するときに紙に書いて張り出し、共有化して、抜け漏れがないようにするといいですよ。ということです」

「でもお客様にそれをいただくのも悪い気がします。また最近は、セキュリティとか企業秘密などもあって難しくないですか？」

「その場合は、誓約書などを取り交わすなどして、できることをやりましょう。逆にお客様もそこまでやってくれるのかと感心する場合もあるでしょう。しかし、全てのお客様に使えるかというわけではありませんからね、注意してくださいよ」

「木村主任が本気ならできるでしょう？　お客様に気をつかった企画では、プレゼンの時に本気になれませんよ」

「本気か……」

木村主任は、野上社長が言いたいことが少しずつわかってきた気がした。

「また問題を分解したときの言葉は、語尾が同じになることに注意してください。今回の検討会議記録では、調査工数の所は、どう書かれていますか？」

「えぇと……

＜調査にかかる工数が多い＞

(1) 解決方法を求めるのに工数がかかる。

(2) 技術情報収集に工数がかかる。

(3) 負荷見積もりに工数がかかる。

(4) 影響調査に工数がかかる。

本当だ、語尾は、すべて工数がかかるとなっていますね。スゴイ！」

「スゴいのは、皆さんですよ。さすがですね」

2 原因No.と解決策No.を対比して書く

「『トライアングル思考法』のワークシートで注意してもらいたいことがあります」

「③問題点と⑥改善目標、④原因と⑤解決策の項目は、No.をつけて対比できるように書いてください。その方が読み手の理解が得られます。また複数の④原因がひとつの⑤解決策の場合もあり得ますので、その場合は、コメントをつけるとよいでしょう。**ポイントは、自分では、わかったつもりでも相手に説明するときにわからない場合もある。そのときに助けになるのがNo.です。**聞けば当たり前だと思いますが、結構できていないことがあります。特に成果物のレビュー時には、質問や指摘する人が困ります。木村主任がプレゼンを聞く立場で、No.がないことで困ったことは、ありませんか？」

「そう言われると、何回もあります。質問するときに、上から3つ目の黒丸について質問ですが、などと言ったことがあります。確かにNo.があれば、(3)とズバリ言えますからね」

「木村主任が作成した今回の企画書ではどうですか？」

「ページ数と表題のNo.だけです。詳細は、殆ど黒丸や矢印ばかりです。いゃ〜、お恥ずかしい」

「何も恥ずかしいことはありませんよ、気がついたら直せばいいんですからね」

3　問題分析は、逆から分析する

「先ほど『ビジネスは、人がプロセスを活用して、結果を生み出している』といいましたが、これにもNo.をつけて考えてみましょうか」

『ビジネスは、①人が、②プロセスを活用して、③結果を生み出している』


「木村主任いかがですか？」

「特に違和感はありませんが、この言葉のもとになっていることは、何なのですか」

「私は、品質管理を勉強している中でみつけました。先ほども言いましたが、品質管理には、よいプロセスは、よい結果をだせる。という考え方があります。このプロセスに従って仕事をするのは、人ですからね。他にもいろいろな考え方もあると思いますが、今回は、この3つがキーワードであるとしましょう。その方が簡単ですからね」

「ところで木村主任、一般的に問題は、どこで発見されますか？」

「えぇと……この3つで考えれば、③結果ですかね」

「そうですね、殆どの場合、結果が悪いから問題視するわけですね。結果がよいのに②プロセスに問題があるとか①人に問題があるとかは、言いませんからね」

「それはそうですね」

「私たちの日常の仕事でミスや問題があり、これらの問題分析をするときに、闇雲に『なぜだ？』『なぜだ？』と追求するのではなく、『この仕事は、どのようなプロセスで構成されていたのか』という視点で分解してみるとよいでしょう」

「そうか、先日の企画検討会での先輩同士の熱いバトルも①人、②プロセス、③結果という考え方とお客様の組織図や業務機能一覧などがあれば、もっと効率よく仕事ができたはずですね」

「そのとおりですね、そして問題分析するときは、③結果、②プロセス、①人と逆に考えていくと道に迷わないかも知れません」

「野上社長、この資料もいただけますか？」

「ご希望なら差し上げますよ。でも鈴木部長に請求しますからね」

「あっ、それは困ります」

「冗談ですよ、大丈夫です」

「あぁ、良かった。あまり脅かさないでくださいよ」

4　真の原因追及ではなく、解決策を見つけることを優先する

「さて問題分析のときの注意点をもうひとつ解説しますね。木村主任が参加されていた企画検討会議では、問題分析の終わりは、見えていましたか？」

「問題分析の終わりですか？　それはどういうことですか？」

「これがわかったら問題分析をやめるという基準です。今回の企画では、お客様の意向がかなり見えていましたが、そうでない場合は、『よし、この解決策を企画提案しよう』というものが見つからないとダメですよね」

「それはそうですが……」

木村主任の顔は、いつしか不安な顔つきになっていた。

「また少々ややこしい話しになってきましたね。失礼しました。このことも端的に言えば、**問題分析のときに真の原因にこだわりすぎて、どこまでも追及したりしないと言うことです。**ビジネスシーンでは、その時の状況（人手不足や設備投資への予算不足など）の範囲で問題の解決策を見つけて企画提案するわけですよね。真の原因を追及できたとしても、その時の状況でその対策は実現できないかも知れません。**つまり、やりたいことは、真の原因の追及ではなく、現状の問題を早く解決したいわけですからね**」

「お客様にとって最適な解決策を企画提案するわけですね、解決の見込みのないことを企画提案することは論外ですよね。よくわかりました」

第四の法則のまとめ

(1) 「問題」を起こしているのが「原因」で、企画は「原因」を解決するプロセスに着目する。

(2) 問題分析時には、お客様の組織図や業務機能一覧などをいただいて、チームで検討するときに紙に書いて張り出し、共有化して、抜け漏れがないようにする。

(3) 問題を「ある部分」プロセスに分解するとわかりやすい。

(4) 原因を分解したときの言葉は、語尾が同じになることに注意する。

(5) 原因No.と解決策No.を対比して書く。

(6) 問題分析するときは、③結果、②プロセス、①人と逆に考えていくと道に迷わない。

(7) お客様にとって最適な解決策を企画提案するために、実現可能な解決策を見つける。

第五の法則

「目的」を達成するために やることが「解決策」

「さて、木村主任、今度は、⑤解決策について解説しますね」

「はい、宜しくお願い致します」


とそこに鈴木部長が会議室に入ってきた。

「どうだね、木村主任、野上社長に絞られているかね？」

「はい、怪しいミニテストでしごかれています。でもとっても楽しく勉強させてもらっています」

「なんだね、その怪しいミニテストって？」

「野上社長は、ただ教えるだけではなく、私が理解しているかどうかを試すために、時々確認のためのミニテストを出されるのです。そのテストのやり方が面白いんですよ。最初は、答えがわからないんですが、野上社長とお話ししているとだんだん答えがわかってくるんです。なんだか誘導されているようなので、怪しいな～と思っていました。でも本当は、楽しいテストですよ」

「なるほど、野上社長の教え方は、昔からかわっていませんな。聞き手をぐいぐい引き込んで、気がつくと自分で解答できるから自信を持つ。さまに教えるのではなく、気づかせるというわけですな。ひょっとしたら、こうして何十年もお付き合いさせていただいているのも、野上社長の計画どおりなのかね？」

「鈴木部長、何をおっしゃいますか、私こそ、鈴木部長の情熱ある営業スタイルを尊敬しております」

「いやいや、それはもう昔の話しだし、今は、接待や根回し営業では、通用せん。今こうして木村主任が学んでいる方法論をベースにしたロジカルシンキングやプレゼンなどのスキルが必要だ」

「鈴木部長、野上社長から学んでいる『トライアングル思考法』は、スゴイ方法論ですよ！これは、全社員に受けさせたいですね！　あと思ったのですが、**私は、我が社に必要な人財は、方法論の知識と実行、そしてなによりも人柄だと思いました。野上社長とお話ししていると楽しく勉強できます。これが一方的に教えるだけの方なら、私は、おそらく今ごろ喧嘩していると思いますね**」

「おぉ〜、木村主任もなかなか言うようになったね」

「スミマセン、ついつい調子に乗って言ってしまいました」

「別に謝る必要はないよ、そのとおりだからね。そう思いませんか、野上社長」

「確かにそのとおりですね、特にお客様に接する営業の方は、やはり人柄が基本となるでしょうね。あとは、仕事への取り組み姿勢ですかね」

「我が社の営業は、私が、根性だ、気合いだと発破ばかりかけてきたからな……」

「話しは、脱線しますが、私が人財育成について考えていることを少しお話しさせてもらってもいいですか」

「あぁ、いいですよ。私もちょうど野上社長に相談したかったからね」

「これからの人財育成は、リーダーの育成が課題となるでしょう。私は、業務知識や技術面だけではなく、マナーやコミュニケーションスキル、語学力などを身につけた人をビジネスパーソンと呼んでいますが、このビジネスパーソンの中でもリーダー育成は、全ての企業にとって重要な課題です。**また現リーダーも、今までの延長線の考え方では、仕事**

になりません。これからは、つぎからつぎへと新しい案件に取り組まなければならないからですね。この時、答えがわからないから取り組めないのでは、リーダーは動きがとれなくなってしまいます。

私が考えているリーダーは、この案件の答え（解決策）はナニかとは考えません。どういう人を集めて、どういう手順・方法でこの案件の検討を進めていけば答えが出てきそうとか、考えます。

答えは、明確に見えなくても心配はしなくていいんです。答えは、必ずしも自分だけで出す必要はない。集まった人が（それは、一人であっても）用意された仕掛け、仕組みによって時間の経過とともに答えを出してくれます」

「つまり、これらの仕掛け、仕組みを総称して『方法論』といい、それに強いことがリーダーの武器となります。『トライアングル思考法』は、その武器のひとつだと思っています。しかも、ビジネスの基本となる5W2Hをベースにしているためにシンプルでどの分野にも活用できます。木村主任、今日勉強してみていかがですか？」

「いや、驚きました。５Ｗ２Ｈは、もちろん知っていましたが、『トライアングル思考法』としてあらためて勉強してみると奥が深いですね。私は、５Ｗ２Ｈと言う言葉を知っていただけだったと反省しています。**なにより、５Ｗ２Ｈをこの三角形の場所に置いて思考するだけで企画に大切な目的・ねらいがバッチリわかりますからね。**スゴイアイデアだと思います。なにしろ、これなら私が部下にも指導できますから、社内でも普及するでしょうね」

「おやおや、木村主任は、ずいぶん自信をつけたようだね」

「鈴木部長ありがとうございます。今日、野上社長とお会いして、今までの仕事のやり方は、何だったんだろうと反省しました。**でも『トライアングル思考法』があれば、自分が変われると思うと気が楽になったんです**」

「なるほど、木村主任の気づきを社内に広めたいね。おっとそれは私の仕事かな。さてそろそろお邪魔するかな。それから野上社長、この後のスケジュールは、空いていますか？」

今日の御礼もしたいし、何しろ木村主任が、まだ話し足りないようだからお付き合い願えると嬉しいのですが」

「ありがとうございます。鈴木部長、私のことは、ともかく木村主任が話し足りないのでは、しょうがないですね。お付き合いさせていただきます」

「ええ〜、私のせいですか、ひどいな」

1 解決策は、実現できなきゃ意味がない

「さて木村主任、今度こそ⑤解決策やりますよ」

「はい、宜しくお願い致します」

「⑤解決策は、実現可能であることが大切です」

「う〜ん、当たり前すぎて、またひっかけ問題のような気もしますが……どういう意味なんですか」

「いや、何の引っかけもありませんよ。**お客様に提案する解決策は、自社で実現可能で**

あるべきです

「それはそのとおりですが……」

「企画検討会議では、問題分析した結果、『あるべき姿、こうしなければならない』という解決策も出てくる場合もあります。しかし、この場合は、技術的な面や、コスト面などで実現できない場合もあり得ます」

「ちょっと露骨な話になりますが、一例として聞いてくださいね」

「はい、わかりました」

「特に注意して欲しい場面とは、受注したいがために解決策の実現を検証しないで企画してしまうことです」

【お客様から受注したいために無理をして企画している場合】

・お客様の予算内で見積もりをしてしまう。

(例) この予算内なら発注できますが……

適切な見積もりをしないと赤字になる場合があります。またトップ方針で赤字でも受注する場合は、赤字の計画をしっかり立てないと現場の責任者が後で困ります。

・お客様の指示どおりの解決策を提案してしまう。

（例）営業担当者の残業削減のためにスマホで業務日報を作成させるシステムを構築したい。

この例は、使われないシステムとなる確率が高いものです。

・お客様都合の納期から逆スケジュールで作成してしまう。

（例）トップ方針に従い、予算内で4月1日には、リリースしたい。

この例は、納期遅延に陥るケースです。

・お客様想定のパソコンや機器およびソフトウェアを導入してしまう。

（例）A社のパソコンに最新版のＷｉｎｄｏｗｓを使いたい。

これは、リリース後のトラブル発生に繋がりやすい例です。ハードとソフトウェアのバージョンの相性が悪い例もあります。

「野上社長がおっしゃりたいことは、仕事が欲しいためにお客様が想定しているとおりでは、自分の会社にリスクがあるということですね」

「自分の会社だけではありません。結果としてお客様にご迷惑をかけることになります。これでは、双方が信頼を失うだけです」

2 混沌とした情報は、要望、要求、要件で整理する

「木村主任、またミニテストやりましょうか」

「いいですね～、ミニテスト！　今度は、何ですか？」

「木村主任、言葉遊びになるかも知れませんが、要望、要求、要件をあえて定義してみてください」

「要望、要求、要件ですか、望むことと、求めることと、件は、『くだん』とも読んで相手とも承知しているという意味があったかな……」

「なるほど、と言うことは？」

木村主任は、ホワイトボードにこう書き始めた。

(1)　要望……「こうだったらいいなぁ」と漠然と望んでいること。

(2)　要求……「こうして欲しい」と提案として求めていること。
(3)　要件……「これなら、こうできます」と条件を明示して提案すること。

「野上社長、どうでしょうか?」

「実に素晴らしい。さすがですね～」

「あんまり誉めないでください。野上社長にしごかれたおかげです」

「そうすると、⑤解決策は、要望、要求、要件のどれになりますか?」

「当然、要件になりますね。なるほど、お客様の佐藤部長が言われたことは、要求で、当社は、要件として提案するわけですね」


「でもこうして言葉を定義して整理すると曖昧さがなくなりますね。実は、ヒアリング記録の整理の時に混沌とした情報をどのように整理するかで結構もめたんです。最初からこれを知っていたらヒアリング記録をもっと効率的に整理できたのに残念です」

「まあ次回のヒアリング時に木村主任の武器として活用してください。でもこの定義については、いろいろな考え方がありますので、その場では、こう定義して整理しようかというくらいに考えてください。ひとつ注意して欲しいのは、先ほどの『こうしなければならない』を安易に要件にしないようにしてくださいね」

「わかりました」

「さあ、⑤解決策は、『こうできます』と提案するわけですから、技術的な観点や納期、およびコストなどを含めて実現可能であるべきですよね。つまり具体的な計画が必要だと言うことです」

「具体的な計画ですか……」

「木村主任は、具体的な計画ってイメージできますか」

「具体的な計画とは、マスタースケジュールがあって、体制が整っていて、役割も決まっていて……」

「ひと言で言うと?」

「スミマセン、言えません」

「我流の定義ですが、**具体的な計画とは、5W2Hが明確な計画のこと**です。⑤解決策の内容をさらに5W2Hで明確にすることです。(図-9)

図－9 「トライアングル思考法」ワークシート(6)

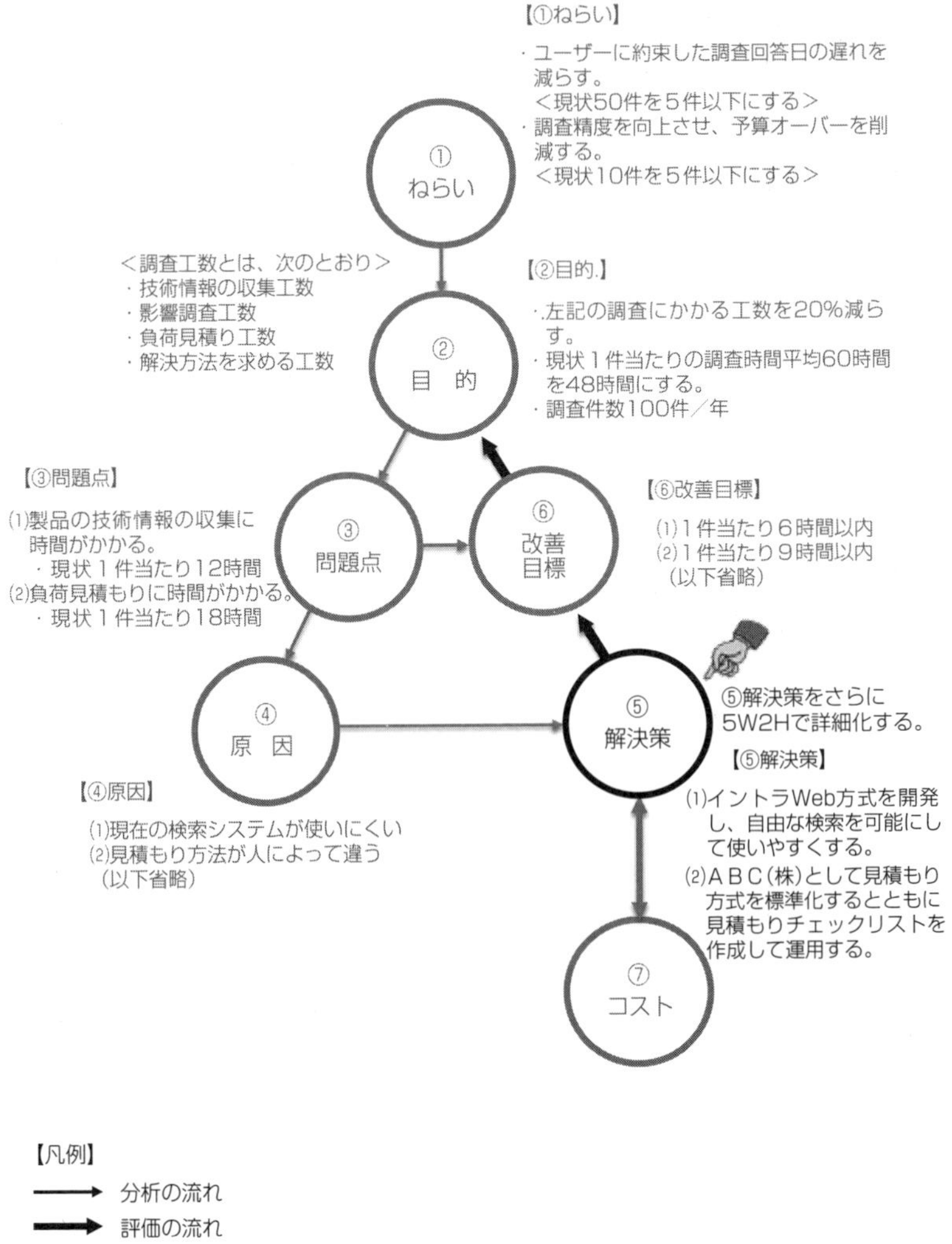
【①ねらい】
・ユーザーに約束した調査回答日の遅れを減らす。
＜現状50件を５件以下にする＞
・調査精度を向上させ、予算オーバーを削減する。
＜現状10件を５件以下にする＞
①
ねらい
＜調査工数とは、次のとおり＞
・技術情報の収集工数
・影響調査工数
・負荷見積り工数
・解決方法を求める工数
【②目的.】
・左記の調査にかかる工数を20％減らす。
・現状１件当たりの調査時間平均60時間を48時間にする。
・調査件数100件／年
②
目　的
【③問題点】
(1)製品の技術情報の収集に時間がかかる。
・現状１件当たり12時間
(2)負荷見積もりに時間がかかる。
・現状１件当たり18時間
③
問題点
⑥
改善目標
【⑥改善目標】
(1)１件当たり６時間以内
(2)１件当たり９時間以内
（以下省略）
⑤解決策をさらに5W2Hで詳細化する。
④
原　因
⑤
解決策
【⑤解決策】
(1)イントラWeb方式を開発し、自由な検索を可能にして使いやすくする。
(2)ＡＢＣ(株)として見積もり方式を標準化するとともに見積もりチェックリストを作成して運用する。
【④原因】
(1)現在の検索システムが使いにくい
(2)見積もり方法が人によって違う
（以下省略）
⑦
コスト
【凡例】
分析の流れ
評価の流れ

「トライアングル思考法」のワークシートは、5W2Hで構成されていますが、⑤解決策をさらに5W2Hで計画します。⑦コストがあるので⑤解決策の中のコストは、詳細コストということになります」

3 解決策の体制図は、一種類ではイマイチ

「さて木村主任、解決策の5W2Hは、明確になっていますか？」

「はい現在のところは、ここまで決まっています」

「なるほど、しかし、御社の開発体制図しかありませんが、お客様の運用体制図は、どうなっていますか？」

「えっ、お客様の運用体制図ですか？　なぜそこまで必要なのですか？」

「開発体制図は、御社の都合ですよね？　**お客様の運用体制を想定したコストを算出しておくとお客様が喜びますよ。お客様にとっては、開発費は、一時的なコストですが、運用コストは、数年間続くコストですからね**」

「なるほど、そこまで考えたことは、ありませんでした。今までの企画書は、開発コス

トだけしか書いてありませんでした。まずいですね……」

「まあ、お客様のタイプにもよりますがね。それを喜ぶお客様もいらっしゃるし、そこまでは不要だと言われるお客様もいらっしゃいます。しかし、お客様との企画の検討段階で運用体制とコストまでを考えている会社と自社の開発コストだけを考えている会社では、仕事に対する取り組み姿勢が違うと思われるでしょうね」

「なるほど」

「例えば、木村主任が、お客様の立場だったらどう思いますか」

「それは、運用まで考えている会社の方が印象いいですね。結果的には、開発コストだけを要求するかも知れませんが、安心感は、ありますね」

「そうですね、そこが企画を依頼する場合の差別化に繋がることもあります。企画書がわかりやすいとか、綺麗とか、プレゼンがうまいとかよりも**一緒になって問題に取り組んでくれる会社の方が安心感を持ってくれるもんですね**」

「野上社長、またひとつ気がつきました。鈴木部長から『お客様の立場になって考えろ』とよく言われていたのですが、正直なところ、わかっていませんでした。**運用体制やコストまで踏み込んで一緒になって考えることが『お客様の立場になって考える』**という

ことに繋がるんですね」

「そうですね、そう気づいていただけると私も嬉しいですよ」

第五の法則のまとめ

(1) つぎからつぎへと新しい案件に取り組まなければならないリーダーは、「トライアングル思考法」を活用してチームをリードするとよい。

(2) ヒアリングなどで得られた混沌とした情報は、要望、要求、要件として整理するとよい。

(3) お客様に提案する解決策は、自社で実現可能であるべき。

(4) 仕事が欲しいためにお客様が想定しているとおりの企画書では、自分の会社にリスクがある。

(5) 解決策の具体的な計画とは、5W2Hが明確な計画のこと。

(6) お客様の運用体制を想定したコストを算出し、一緒になって問題に取り組んでくれる会社の方が安心感を持ってくれる場合がある。

第六の法則

「改善目標」に共感すると目的・ねらいが達成できる

「木村主任、ちょっと疲れてきましたね。一休みしませんか?」

「はい、そうしましょうか。ちょっとコーヒー買ってきます。このビルの一階にあるコーヒーショップのコーヒーは、結構うまいんですよ」

「いや、気分転換もかねてそのお店に行きましょうよ」

「そうですね、ずっと会議室にいるのも疲れますよね」


二人は、木村主任の案内でビルの中庭をとおって一階のコーヒーショップに来た。中庭の木蓮と爽やかな風が心地よかった。


「ちょっとお洒落ないいお店ですね」

「そうでしょう、私のお気に入りのお店なんです」

「そうですか、ということは、ちょくちょくサボリに来るわけですね」

「意地悪な言い方ですね。しかし、そのとおりかも知れません。でもこのお店は、鈴木部長が教えてくれたから、いわば公認なんですよ」

「いいですね、鈴木部長は、部下から慕われていて」

「私は、鈴木部長の部下で良かったと思っています。仕事のやり方には、厳しいですが、成果を出していれば、やり方は、ある程度、裁量でやらせてくれます。その辺は、助かりますね」

「そうですか、鈴木部長が羨ましいな。部下が上司を認めてくれるなんてそうないことですよ。実に素晴らしい」

「ありがとうございます」

「木村主任の部署では、何の問題もないんじゃないですか？」

「いやいや、そうでもないんです。問題というのは、人それぞれですからね」

「といいますと」

「鈴木部長が方針を出しても人によっては、価値観や判断基準が違うためにその方針に従わなかったりしますからね」

「売上や利益は、数字で示達されますから明確な目標となりますが、その他については、数値目標ではないためにいろいろと解釈されてしまい、結局、達成したか否かが曖昧になっていることもあるんですよ。スミマセン、愚痴になってしまいましたね」

「いやいや、他の会社も同じですよ」

「そんなもんでしょうか」

「先ほど、売上や利益は、数字で示達されますからとおっしゃっていましたが、鈴木部長がどんな考え方や思いで示達されているかを考えたことがありますか？」

「一応、示達会議がありますので、その時にいろいろ言われますが……」

「表面上の数字だけではなく、その背景になる感情を理解できると数値目標以外も達成できると思いますよ。仕事で成果を出すためには、上司と部下との共感が大事ですね」

「共感ですか……」

「さて、木村主任、美味しいコーヒーも飲んだことだし、もう一踏ん張りやりますか」

1　改善目標は、数字で示す

「さて、⑥改善目標は、達成基準が数字で明確になっているかがポイントですね。

「痛いほどよくわかります。何だか先ほどの続きですね」

「そう言われれば、そうですね」

「もう一度、③問題点から⑥改善目標までを確認しましょう」


【③問題点、④原因、⑤解決策、⑥改善目標】

・問題点(1)　製品の技術情報の収集に時間がかかる。　現状1件当たり12時間
・原　因　現在の検索システムが使いにくい（他の原因は省略）
・改善目標　1件当たり6時間以内
・解決策　イントラweb方式により、自由な検索を可能にして使いやすくする。

・問題点(2)　負荷見積もりに時間がかかる。　現状1件当たり18時間
・原　因　見積もり方法が人によって違う（他の原因は省略）
・改善目標　1件当たり9時間以内
・解決策　ABC（株）として見積もり方式を標準化するとともに見積もりチェックリストを作成して運用する。

「この改善目標の数字は、どうやって導き出されたのでしょうかね？」

「スミマセン、さっきから議事録や詳細のアンケート記録を見ているのですが、ちょっと見当たりません」

「恐らく書いていないでしょうね」

「なぜですか？」

「この改善目標は、お客様の佐藤部長の方針だと思います」

「方針ですか……」

「それぞれ、1件当たり、6時間以内とか、9時間以内とかありますが、ざっくりと半減ですよね」

「そういえば、最初の佐藤部長のヒアリングの時に半減と言っていましたが」

「それでいいんですよ、お客様の意思決定者が半減と言う方針なら」

「そんなもんなんでしょうか……」

「私は、そんなもんだと思いますよ。私もコスト削減なら半減、売上増加なら三倍と言いますね」

「また簡単に言いますね」

「そうなんです、**方針や目標は、単純明快がいいんですよ。その方がわかりやすいでしょ?** 20%とか30%とかの削減では、その根拠を知りたくなりませんか? それこそなぜ30%なのかが気になりますよね」

「それもそうですが……」

「お客様の佐藤部長は、**半減を方針として、皆さんがどのように取り組むかを見ている**気がします。半減を目指して一生懸命にやった結果、30%なら良しとするでしょう。でも最初から無理だと思って取り組んでいると雷が落ちるでしょうね」

「そう思います」

「佐藤部長は、この問題は、部門長として自分の問題だと認識しているのでしょう。また自分なりの解決策の仮説をお持ちだが、御社に詳細の問題分析をしてもらって企画提案してもらう。その改善目標値も自ら方針設定されておられる。問題解決に責任を持たれているのでしょうね」

「そんなモノなのでしょうか……」

「この企画書は、だれがプレゼンするのですか?」

「私です」

「恐らく佐藤部長は、③問題点から⑥改善目標については、とことん聞いてくると思いますよ」

「そんな、脅かさないでください」

「いやいや、脅かしているわけではありませんよ。**改善目標は、佐藤部長の方針だと言うことを理解し、この目標に向けて両社が一体となって取り組むということがプレゼンで伝わればとおるでしょう。1件6時間や9時間の単なる数字だけではなく、その背景にある佐藤部長の責任感や思いに共感することが大切です**」

「先ほどコーヒーショップで鈴木部長の方針徹底ができないとおっしゃっていましたが、鈴木部長の責任感や思いに共感することと同じですよ。お客様と御社が共感できれば、プレゼンもとおるし、ｗｅｂシステム開発もうまくいくでしょう」

「なんだかプレゼンが怖くなってきましたよ」

「大丈夫ですよ、御社は、ヒアリングや問題分析で根拠も十分調査されていますし、鈴木部長がついておられる。後は、木村主任の気持ちの問題です。『トライアングル思考法』があれば、大丈夫ですよ」

「そうですか……」

「もしプレゼンで困ったら、先ほど私が言ったように、コスト削減は、半減！　売上目標なら三倍！　そしてこの改善目標は、佐藤部長の方針と理解しています。と言っちゃってください。絶対に大丈夫ですから」

「でも何か心配ですね……」

「企画提案のプレゼンでは、競合相手もいると思いますが、実力が同じなら目的・ねらいを腹に落とし込んでいる方が絶対に勝ちますよ！」

「そこまで言っていただけると安心しました」

2　数字が無理なら合否で示す

「今回の企画の改善目標は、数字で明確になっていますが、そうでない場合は、どうしますか？」

「そこなんです。先ほどコーヒーショップで愚痴をこぼしましたが、売上利益の数字以外は、リスク管理強化の徹底とか、プロセスの遵守とかの言葉なので期末に達成できたかがわからずに困っているのです」

「そうですか、それは、課長が具現化できていませんね」

「えっ、鈴木部長ではなく課長が具現化するのですか？」

「そうです。例えば、部長が部内のリスク管理強化と言ったら、課長が同じように課内のリスク管理強化と言ってはいけませんよ。課長は、きちんと課内のことを考えて、現状は、こうだから、こうすると、課長として改善目標を数値化しなければなりません。上位が数値化していないことに甘えてはいけません」

「なるほど……、と言うことは」

「そうです。課長に『トライアングル思考法』を教えてあげてください」

「やっぱり！　いゃ～、今私もそう思いましたが、難しいですよ」

「何も難しいことは、ありませんよ。今回の企画書の件は、鈴木部長のかけ声で部内でも話題になっているはずです。このワークシートを課長の席に何気なく置いておけばいいんです。ワークシートには、作成者が書いてありますから、必ず聞かれますよ」

「木村主任、この『トライアングル思考法』について、ちょっといいかな。とね」

「おぉ〜、何だかワクワクしてきましたね！」

「そうそう、あまり難しく考えないで、仕事は、明るく、楽しく、元気よくやりましょう」

「ところで数値化できない改善目標は、どのように書きますか？」

「そうでした。数値化できない場合は、試験のように合否がわかる書き方をすればよいと思います。また期限など……」

「そうですね、他にはありませんか」

「他にですか……」

「究極の設定方法を教えましょうか」

「是非！」

「改善目標の達成基準を関係者で決めるのです。例えば、ある成果報告会で成果を報告し、過半数の賛成を得たら達成とか」

「えぇ〜、でもそれってずるくないですか」

「そんなことはありません。むしろ達成基準を決めないで曖昧にするよりいいと思いますが、どうですか」

「それはそうですね」


「例えば、木村さんが数人でハイキングに行くときの幹事さんだとします。今度の日曜日にハイキングに行きましょう。でも雨が降りそうなら中止します。という約束だったとします。一見、わかったような約束ですが、この『雨が降りそうだったら』という判断基準は、人によってバラバラでしょう。当日の雲行きが怪しければ、幹事である木村主任にいっぱい電話が来て、てんてこ舞いになりそうですよね」


「絶対にそうなりますね」

「では、どうしたらよいと思いますか」

「そうですね、今は、ケータイでも降水確率がわかりますから、降水確率が70％以上だったら中止とか、どうですかね」

「いい考えですね。そのように関係者で数値を決めておけば、てんてこ舞いにはならないですよね。70％がいいかどうかは、正解がないので関係者で決めればよいのです。関係者で基準を決めておくことは、究極の方法だと思いませんか？」

「おっしゃるとおりですね！　合理的です。よくわかりました」

第六の法則のまとめ

(1) 改善目標は、数字で示す。

改善目標は、達成基準が数字で明確になっているかがポイントである。

(2) 「改善目標」に共感すると達成できる。

表面上の数字だけではなく、その背景になる感情を理解できると数値目標以外も達成できる。仕事で成果を出すためには、上司と部下との共感が大事である。

(3) 方針や目標は、単純明快がよい。またその方がわかりやすい。

またお客様は、その方針に対して、皆さんがどのように取り組むかを見ている。

(4) この目標に向けて両社が一体となって取り組むということがプレゼンで伝われば とおる確率は高くなる。

(5) 改善目標の数字が無理なら合否で示す。改善目標の達成基準を関係者で決めるのも有効である。

第七の法則

「目的・ねらい」のために支払ってもよいのが「コスト」

「さて、最後に⑦コストですね。今回の企画の見積もりは、いくらですか?」

「社外の野上社長に申し上げてよいかわかりませんが、約3、800万円です。鈴木部長には、内緒にしておいてくださいね」

「わかりました。約束しますよ」

「ところで木村主任は、このワークシートに書かれた①ねらい〜⑦コストまでを俯瞰してみて⑦コストをかける価値があると思いますか?」

「はい、今回のwebを利用した社内の掲示板の仕組みの構築と社内のブログを利用したノウハウ検索システムの構築は、当社の企画の目玉ですし、お客様からの期待も大きいものです」

「なるほど、その言葉を聞いて安心しましたよ。それに木村主任の言葉に自信が感じられます」

「ありがとうございます。野上社長にのせられて自信がつきましたかね!」

1 コストも解決策の体制図と同じで一種類では、イマイチ

「しかし、先ほどお客様の運用体制やコストについては、あまり検討していないとのことでしたね。またこのコストの明細をみる限り、開発の人件費やハードウェアなどの購入費、および諸経費など、つまり御社との契約にかかるコストだけしか書いてありませんね」

「そういう意味では、契約の見積書に近い数字ですね」

「このコストの部分については、このままで行くか、お客様の運用体制やコストを含めるかを企画検討会議でもう一度検討した方がよいですね」

「でもお客様の詳しいデータは、ありません」

「あくまで想定でいいんですよ。もしプレゼン時に、お客様の佐藤部長から運用面については、どのように考えているのかと質問された場合に、何も考えていません。とは、言えませんよね」

「もちろんです」

「ですから、当社の想定としては、このように考えております。と言えるように準備をしておくことがよいと思いますよ。お客様の人件費は、わからないと思いますが、あくまで想定でいいんです。金額が多少違っても怒りはしません。そこまで考えていないことに失望されるほうが困るでしょう?」

「わかりました。早速、明日の企画検討会議で検討します」

「ところで検討する項目は、わかりますか」

「恥ずかしながらわかりません。教えてだけますか」

「木村主任は、素直ですね。そこが好きです。教えましょう」

(1) 開発費用

① 人件費

② 物件費……ハードウェア、ソフトウェア、ネットワーク環境設備など

③ 諸経費

④ 減価償却など

(2) 運用費用

①　人件費
②　物件費……ハードウェア、ソフトウェア、ネットワーク環境設備など
③　諸経費……通信費など

「最低限この項目を押さえておいてくださいね。お客様の佐藤部長は、開発費用と運用費用と企画書に書かれている内容を比較されるはずです。つまり、

「目的・ねらい」のためなら支払ってもよいのが「コスト」

と判断されるはずです。

そして最後の押しに繋がるのが、御社の取り組み姿勢です。ですからお客様と一緒に共感し、運用コストまで考えて企画提案しているという姿勢が大切なのですよ」

「野上社長のおっしゃる『お客様の立場になって』という意味がだんだんわかってきました」

「企画提案は、『仕事ください。お見積もりは、これこれです』というスタンスでは、だめですよ」

「恥ずかしいんですが、今までの企画やプレゼンは、そんなスタンスだと思って反省し

ています」

「これで明日の企画検討会が楽しみなってきましたね」

「さあできあがった『トライアングル思考法』のワークシートをもう一度確認して⑦コストが①ねらい、②目的との費用対効果が適切かを判断しましょうか」

「ええと……スミマセン、その前にもう一度整理させてください。

(1) 分析の流れ
①ねらい→②目的→③問題点→④原因→⑤解決策

(2) 評価の流れ
⑤解決策→⑥改善目標→②目的→①ねらい

(3) 費用対効果確認
⑦コスト

全体的な思考は、これでよいのですね」

「全体的には、これでOKですが、お客様の意思決定者は、まず①ねらい、②目的、③

問題点、⑥改善目標を重視しますから、プレゼン時のポイントとして注意してくださいね。

特に③問題点と⑥改善目標の矢印に注意してください」

「そうでしたね、佐藤部長の問題を半減することの思いがここにあるのですね」

「そのとおりです」

「ということは、『トライアングル思考法』は、①ねらい、②目的、③問題点、そして⑥改善目標で構成される小さい三角形と、①ねらいから⑦コストまでの大きい三角形で考えることが大切だと言うことですね」

「素晴らしい、さすがは木村主任！　そのとおりですよ」

「ありがとうございます。野上社長に誉められるとホント嬉しいです」

「お客様の意思決定者は、まず方針設定時に小さい三角形を重視します。また企画全体を俯瞰するときに大きい三角形を詳細に確認しますね」（図‐10）

そして最終的に『目的・ねらい』のために支払ってもよいのが『コスト』と判断します」

図－10 「トライアングル思考法」ワークシート(7)

<小さい三角形と大きな三角形>

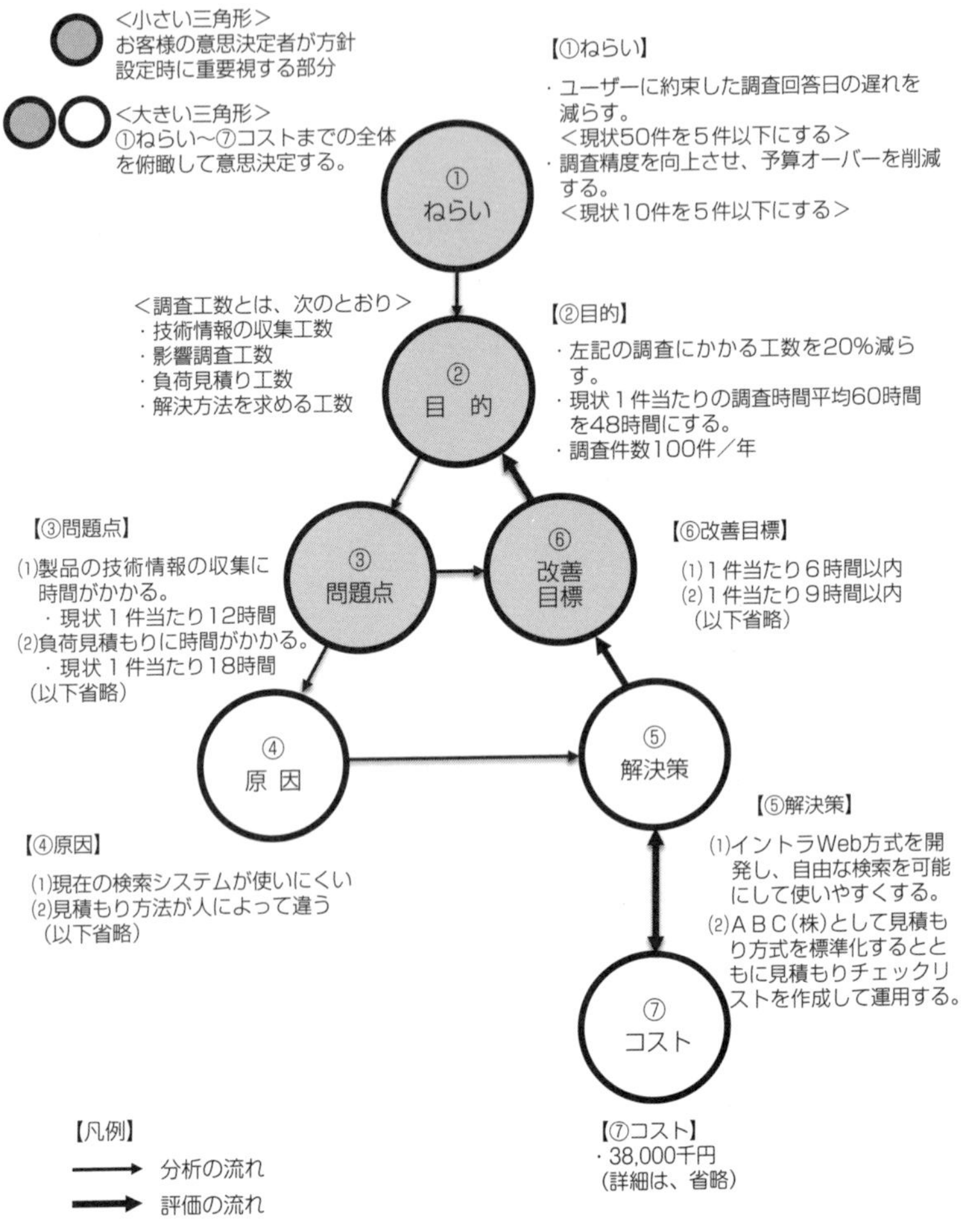

<小さい三角形>
お客様の意思決定者が方針設定時に重要視する部分
<大きい三角形>
①ねらい～⑦コストまでの全体を俯瞰して意思決定する。
①
ねらい
【①ねらい】
・ユーザーに約束した調査回答日の遅れを減らす。
<現状50件を５件以下にする>
・調査精度を向上させ、予算オーバーを削減する。
<現状10件を５件以下にする>
<調査工数とは、次のとおり>
・技術情報の収集工数
・影響調査工数
・負荷見積り工数
・解決方法を求める工数
②
目　的
【②目的】
・左記の調査にかかる工数を20%減らす。
・現状１件当たりの調査時間平均60時間を48時間にする。
・調査件数100件／年
【③問題点】
(1)製品の技術情報の収集に時間がかかる。
・現状１件当たり12時間
(2)負荷見積もりに時間がかかる。
・現状１件当たり18時間
(以下省略)
③
問題点
⑥
改善
目標
【⑥改善目標】
(1)１件当たり６時間以内
(2)１件当たり９時間以内
(以下省略)
④
原 因
⑤
解決策
【④原因】
(1)現在の検索システムが使いにくい
(2)見積もり方法が人によって違う
(以下省略)
【⑤解決策】
(1)イントラWeb方式を開発し、自由な検索を可能にして使いやすくする。
(2)ＡＢＣ(株)として見積もり方式を標準化するとともに見積もりチェックリストを作成して運用する。
⑦
コスト
【⑦コスト】
・38,000千円
(詳細は、省略)
【凡例】
分析の流れ
評価の流れ

2 「トライアングル思考法」を武器にして自分の仕事に自信を持つ

「さて木村主任、『トライアングル思考法』のワークシートを使って今回の企画書の見直しをしてきて、ようやく完成できましたね。（図―11）さて、これまでにどんな気づきがありましたか？」

「はい、恥ずかしながら、**今までは、当社が仕事を受注するためだけの企画書を作成していたと思います。だから私は、先輩から細かい指摘をされても、何もわからないままそれを修正するだけだったので辛かったです。また先輩の指摘内容もどんどん細かい箇所になっていき、全体を俯瞰できずに企画の目的を見失っていた気がします**」

「そうだったのですか、残業もかなり続いたのでしょう？」

「はい、どうしてよいかわからずに、正直、凹んでいました。先輩方に相談したくても皆さん忙しそうでなかなか聞けず悩んでいました。そんな時に鈴木部長から声をかけていただき、野上社長をご紹介いただいたのです」

「そうだったのですか、ひとりで悩んでいて辛かったのですね」

「今回、野上社長から教えていただいたことは、企画というものは、お客様の問題解決に役立つこと、つまり、お客様の業務改革の目的を達成できる企画書を作成することが大切であり、またそう考えることで企画書作りが楽しくなると言うことなんだと思いました」

「『トライアングル思考法』のワークシートは、企画内容を整理するのに本当に役立ちます。まさに企画を設計するという画期的な思考法ですね。また関係者と企画内容を見える化して検討できるコミュニケーションツールだと思いました。しかもビジネスパーソンなら誰もが知っている5W2Hがベースなのでわかりやすいですよね。なによりこの思考法を自分の武器にすることで企画書作りに自信がつきます。昨日まで凹んでいた私が本当にそう思うのですから間違いありませんよ」

「木村主任は、どうやら『トライアングル思考法』の本当の意味をつかみましたね。このツールを活用して自信をもって仕事をしてくださいね。それが私の何よりの願いなんですよ」

「野上社長、お客様の業務改革の目的を達成するための企画書づくりは、大変だけどワクワクして楽しいですね」

「そのとおりですね。先ほども言いましたが、私が考えている企画とは、お客様も気づいていない新しいことや、お客様も漠然としていることを具現化して実現することだと思っています。お客様が持っている解決策をそのまま提案してもお客様は、喜ばないでしょう。だから、企画書作りは、大変だけど楽しいことなんですよ」

「木村主任は、先ほど企画書作りに自信がつくとおっしゃっていましたが、企画の本質である目的・ねらいと具体的な5W2Hが自分で腹に落とし込むことができたからでしょうね」

「そうだと思います。それから『トライアングル思考法』で図解化されていることで周

りの人からの指摘やアドバイスも素直に受けいれられる余裕ができて、ストレスも少なくなりそうです」

「それが嬉しいですね」

「先輩から指摘されて企画書を修正するのは、かなりストレスになりました。特にお客様からの指摘には、胃が痛くなりましたよ」

「『トライアングル思考法』は、とてもシンプルなので内容も聞けば、何だそんなことかと思われますが、実際に使ってみると、皆さんがその効果に驚かれますね」

「本当にそう思います。それに野上社長のミニテストいいですね！　私もあのミニテスト社内で使ってもいいですか？」

「もちろん、いいですよ。『トライアングル思考法』を社内に広めてくださいね」

「ありがとうございます！」

木村主任は、昨日までの辛い残業から救われたことが嬉しかった。また「トライアングル思考法」を教えてくれた野上社長に感謝の気持ちが一杯で熱いものがこみ上げてきた。

そして何よりもつぎの企画のときに鈴木部長に真っ先にこう言いたかった。

「その企画、私にやらせてください！」

「さあ、鈴木部長が待っていますよ。ちょっと飲みに行きましょうか！　木村主任の気づきをもう少し聞かせてくださいね！」

「はい、ありがとうございます。何だか元気が出てきました！」

図－11 「トライアングル思考法」ワークシート(8)

＜完成版＞

下図は、わかりやすさのために単純化して書いてあります。実際には、問題点は、複数あることが多く、またその解決策も多岐にわたる場合がありますことをご了承ください。

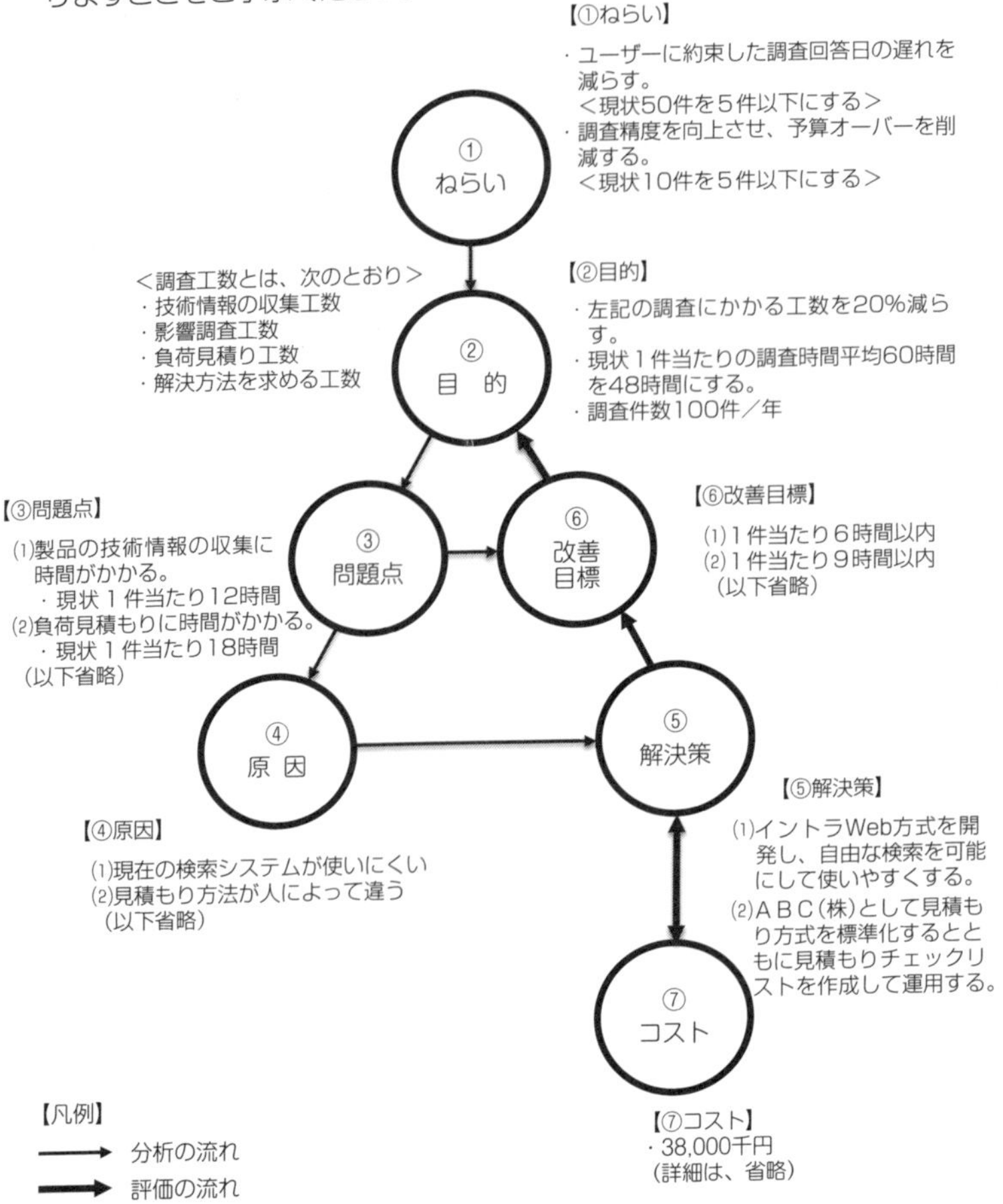
【①ねらい】
・ユーザーに約束した調査回答日の遅れを減らす。
＜現状50件を５件以下にする＞
・調査精度を向上させ、予算オーバーを削減する。
＜現状10件を５件以下にする＞
①
ねらい
＜調査工数とは、次のとおり＞
・技術情報の収集工数
・影響調査工数
・負荷見積り工数
・解決方法を求める工数
【②目的】
・左記の調査にかかる工数を20％減らす。
・現状１件当たりの調査時間平均60時間を48時間にする。
・調査件数100件／年
②
目　的
【③問題点】
(1)製品の技術情報の収集に時間がかかる。
・現状１件当たり12時間
(2)負荷見積もりに時間がかかる。
・現状１件当たり18時間
（以下省略）
③
問題点
⑥
改善
目標
【⑥改善目標】
(1)１件当たり６時間以内
(2)１件当たり９時間以内
（以下省略）
④
原 因
⑤
解決策
【④原因】
(1)現在の検索システムが使いにくい
(2)見積もり方法が人によって違う
（以下省略）
【⑤解決策】
(1)イントラWeb方式を開発し、自由な検索を可能にして使いやすくする。
(2)ＡＢＣ(株)として見積もり方式を標準化するとともに見積もりチェックリストを作成して運用する。
⑦
コスト
【⑦コスト】
・38,000千円
（詳細は、省略）

【凡例】

→ 分析の流れ

➡ 評価の流れ

第七の法則のまとめ

(1) ワークシートに書かれた①ねらい～⑦コストまでを俯瞰して、⑦コストをかける価値があるかを判断する。

(2) お客様から要望されていなくても、お客様の運用体制やコストも想定しておく。またそうして準備することでお客様から共感され、信頼感に繋がる。

(3) 仕事を受注するためだけの企画書では、お客様に喜ばれない。お客様の業務改革の目的を達成できる企画書を作成することが大切であり、またそう考えることで企画書作りが楽しくなる。

(4) お客様の意思決定者、責任者クラスは、まず方針設定時に①ねらい、②目的、③問題点、⑥改善目標で構成される小さい三角形を重視する。

(5) そして最終的に「目的・ねらい」のために支払ってもよいのが「コスト」と判断する。

(6) 企画の本質である目的・ねらいと具体的な5W2Hが自分で腹に落とし込むことができると企画書に自信が持てる。

応用編

「トライアングル思考法」を賢く使おう！

「トライアングル思考法」は、ビジネスの基本といわれる5W2Hをベースにしているのでいろいろなシーンに活用できます。ここでは、私が実際に使っている小技をご紹介いたします。これで仕事が楽しくなりますよ。

1 これは、企画を設計するという新しい発想

私は、いままで企画書を作成する場合、何らかのテンプレートを使用して作成していました。ある時は、本を買ってまねをしたり、先輩が作成したものを利用したりしていました。そしてパワーポイントで作成した企画書案を先輩に見てもらったり、関係者と調整したりしてきました。よく指摘されたのが、文字の大きさやデザインおよびページ数が多いこと、また表現がくどいことなどでした。整理するとつぎのようになります。

(1) 見やすさ（文字の大きさ、デザインなど）

(2) 読みやすさ（日本語表現、文字の大きさなど）

(3) わかりやすさ（デザイン、イラスト、図解化など）

(4) ページ数（みるのが大変）

お気づきのように肝心な企画内容についての指摘が殆どありませんでした。これではカッコイイ企画書を作ることができても、企画がとおるとは限りません。そこで企画を設計するという発想で「トライアングル思考法」を使いはじめました。

2 企画の見える化！これなら相手と議論しても熱くならない

企画を検討するときに「トライアングル思考法」のワークシートをA3サイズにプリントして関係者と検討します。パワーポイントで作成した資料では、自分が作成したという意識があるので指摘されると「あぁ、まずかった、失敗した」というマイナスイメージばかりで凹んでしまいます。

しかし、このワークシートを使って関係者と一緒になって検討すると不思議なことに自

応用編

分ばかりが指摘されるという意識が薄れます。

指摘する相手は、私を見ているのではなく、ワークシートを見ているからです。自分も一緒にワークシートを見ることにより、相手との関係が薄れて対等の関係になるためです。是非お試しください。

3 上司は、紙一枚ものが好き！ これで根回しも完璧！

「トライアングル思考法」は、上司への調整（根回し）にも使えます。よく上司向けの資料は、紙一枚ものがよいと言われますが、その紙に何を書くか難しいところです。

その点、「トライアングル思考法」のワークシートは、5W2Hで見える化されているので悩むことは、ありません。またこのワークシートをあなたが使いやすいようにどんどん工夫して育てていってください。

ちなみに私は、文字が大きく書けて、周りの人にも見えやすく、発想も大きく考えられる気がするのでA3サイズを推奨します。

4 ホワイトボードでさりげなく使うと、聞き手が感動する！

「トライアングル思考法」は、ワークシートがなくてもどこでも使えます。例えば、ホワイトボードがあればこんな方法がよいでしょう。

企画検討会議などで、あなたがホワイトボードの前に立ち、問題点をあげてもらいます。その問題点をホワイトボードの左下に№をつけて列挙します。最終的にホワイトボード全体に三角形のワークシートを書くことを意識して左下の問題点の場所を決めてください。後は、改善目標、解決策およびコストを書き込みます。そして最後に目的とねらいを書くと殆どの方が「おぉ〜」と言ってくれます。この時の快感がたまりませんよ。

ワークシートの三角形の全体図を想定して最初の問題点を書く場所がポイントです。矢印もお忘れなく！

5　5W2Hが明確だからプレゼンまで上手くなる

プレゼンの時に「トライアングル思考法」のワークシートをプリントして手元に置いておくと安心できるのでプレゼンに余裕がでます。また質疑応答の時などでは、いろいろな視点から質問が出ても目的・ねらいと5W2Hが明確ですから、相手が何を質問しているのかがハッキリわかるので焦らずに答えられます。

6　「トライアングル思考法」は、コミュニケーションツール

「トライアングル思考法」のワークシートは、何も企画書を作成するときだけのものではありません。ビジネスの基礎となる5W2Hですから、いろいろなシーンで利用できます。いわばコミュニケーションツールですね。

私は、A3サイズにプリントしたワークシートをいつも持ち歩いています。お客様との

打ち合わせや企画の下書きに利用しています。Ａ３サイズの余白を利用して大きな文字で書くと、どんどんアイデアが出てきます。また大きめの付箋紙があれば、付箋紙に書いて貼ります。

「う〜ん、これは問題点ではなく、原因だな」と付箋紙を貼り直すだけで効率よく企画の検討ができます。

7 わかりやすい、具体的と言われる「魔法の言葉」

「トライアングル思考法」は、言葉にこだわった思考法でもあります。また日本語は、言葉ひとつで理解度に差が出るのも事実です。パワーポイントのタイトル部分には、企画書の目的・ねらいの文言を工夫するとわかりやすくなります。

(1) 目的・ねらいを一文で書く場合

「△△△のために……する」と書きます。△△△の部分にねらいの文言を書き、……の部分に目的の文言を書きます。この文章を読んで違和感がある場合は、目的・ねらいの内容がズレています。

(2)　目的と解決策を一文で書く場合

「□□□することにより、○○○する」と書くと□□□の部分が解決策であり、○○○は、目的になります。同様にこの文章を読んで違和感がある場合は、目的と解決策の内容がズレています。

(3)　タイトル等の書き方の例

・ビフォー、アフター表現例　「……が○○○になる」

・実現型表現例　「……ができる○○○」

・マイナスイメージをプラスに変える例　「○○○だからこそ、……ができる」

(4)　提案等のタイトルのポイント例

・相手にメリットが伝わるか？　「そうか、これは得になる！」「楽になる！」

・将来が想像できるか　「今後は、こうなるのか！」

最終的なチェックポイントは、①誰宛に書いているのか、相手のレベルにあった内容になっているか、②目的・ねらいは、「価値目標」になっているか、③企画内容に共感が得られるか、④目的・ねらいが実現すると、こうなるのか！とワクワクする内容になっているかです。

エピローグ

企画書を最初からパワーポイントでいきなり書くのではなく、「トライアングル思考法」で見える化して、よ〜く考えてから書くと、魅力ある、価値がある企画書を作ることができます。またビジネスの基本となる5W2Hが明確だから簡潔、明瞭です。その結果、自信を持ってプレゼンができるので聞き手に共感を与えられます。そして、必ず企画書作りに自信を持つことができます。

お客様や上司が欲しいのは、見栄えのよい企画書ではなく、内容に魅力がある、価値がある企画書です。その企画書を作るためには、よ〜く考えないとダメです。

しかし、よ〜く考えると言っても具体的にどう考えればよいのか悩んでしまいますね。

そのための道具が「トライアングル思考法」です。

パワーポイントは、書くための道具です。「トライアングル思考法」は、企画書を見える化して、よ〜く考えるための道具です。この道具があれば、魅力ある、価値ある企画書を作るのは、それほど難しいことではありません。

・企画書作りの生産性が2倍になります。だから企画書作りに自信がつきます！

私の「トライアングル思考法」の活用実績では、企画書作りの生産性が2倍になりました。**実は、企画書作りという仕事は、企画書作成だけではなく、上司や関係者との調整、俗に根回しに結構時間がかかるのです。**（図－12）

木村主任のようにパワーポイントでたたき台を作成して上司や関係者に調整に行くと言葉やデザインに意識がいくために「ここは、良くない」とか「見にくい」とか否定的な指摘を受けてしまいます。

「トライアングル思考法」のワークシートを作るためにそれなりの時間はかかりますが、5W2Hが明確に書かれているために関係者との調整時間が圧倒的に削減できました。

私の企画書作りのプロセスとその効果は、つぎのとおりです。

(1) 上司から企画概要の指示を受ける。

・この時間は、それほど変わりませんでした。

(2) 企画概要の分析をして企画書のたたき台を作成する。

・ここでは、パワーポイントで企画書のたたき台を作成しないで、「トライアングル思考法」のワークシートを作成しました。しかし、考えると時間がかかり、今までより、倍近くかかりました。

(3) 企画書案作成

・「トライアングル思考法」のワークシートの5W2Hを元に作成できるので比較的短時間で作成できました。

(4) 上司や関係者との調整（根回し）

・ここで上司や関係者に見せるのは、パワーポイントで作成した企画書案ではなく、「トライアングル思考法」のワークシートを使いました。目的・ねらいをはじめ5W2Hを対象にした調整なので文字が小さいとか、色がよくないとか細かいことを言われずに済みました。

このプロセスで手戻りが激減して生産性は、抜群でした！

(5) 関係者の数だけ調整を繰り返し、企画書案を修正する。

・**結果として、ここの時間が半分になりました。**今までは、パワーポイントで作成した企画書を見せては、指摘をもらって修正するという繰り返しで大変でした。

(6) 上司や関係者に企画書案を配布する。

・パワーポイントで作成した企画書を配布します。何人かに細かい指摘を受けることもありましたが、5W2Hは、内諾済みなので修正は、簡単でした。

(7) プレゼンして意思決定していただく。

・**手元に「トライアングル思考法」を置いて自信を持ってプレゼンすることができました。また、プレゼン内容が的確に伝わるのでプレゼン時間も短くなりました。**

私の場合は、「トライアングル思考法」のワークシートは、設計書として黒子扱いしてあまり表に出していませんでした。しかし、このワークシートのおかげで仕事もはかどるし、上司や関係者から指摘されても自分が責められているのではなく、ワークシートの内容を修正すればよい。相手との一対一の関係ではなく、対等に企画内容を検討できるという気持ちになれてストレスも軽減ができました。

図－12　企画書作りの生産性が２倍になる。

■従来のやり方（平均３人日／24時間）　　（注）図の時間軸は、イメージです。

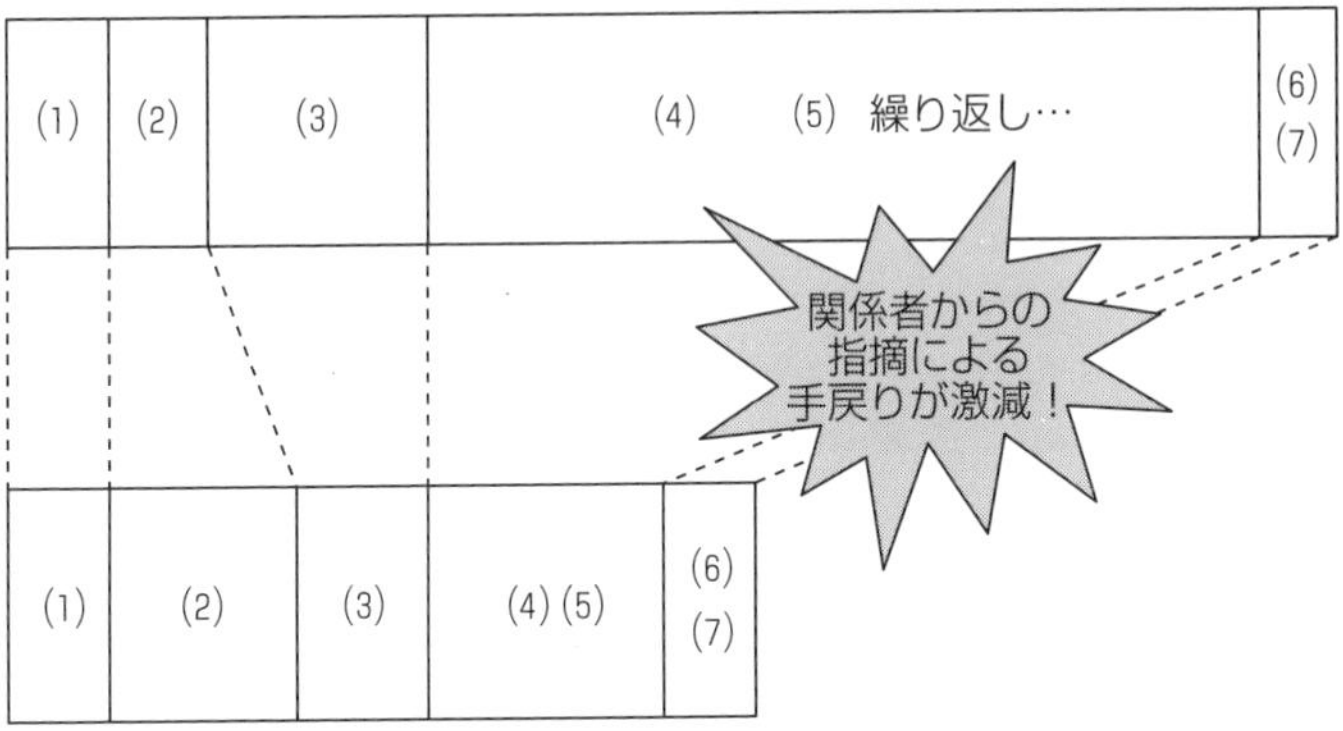
(1)
(2)
(3)
(4)　(5)　繰り返し…
(6)
(7)
関係者からの
指摘による
手戻りが激減！
(1)
(2)
(3)
(4)(5)
(6)
(7)

■「トライアングル思考法」を使ったやり方（平均1.5人日／12時間）

※　企画書作りのプロセス

(1)　上司から企画概要の指示を受ける。

(2)　企画概要の分析をして企画書のたたき台を作成する。

(3)　企画書案作成

(4)　上司や関係者との調整（根回し）

(5)　関係者の数だけ調整を繰り返し、企画書案を修正する。

(6)　上司や関係者に企画書案を配布する。

(7)　プレゼンして意思決定していただく。

あとがき

自分の仕事の価値を見いだすためのツール

「トライアングル思考法」は、5W2Hだから簡潔、明瞭、シンプルです。考えて見ると、どんなビジネスも5W2Hが基本です。しかし、5W2Hを知っているだけでは具体的な成果は、得られません。

「トライアングル思考法」で自分が考えていることを見える化して、よ～く考えると、「自分が何を言いたいのか、何をやりたいのか」が明確になります。そして、5W2Hをもとにテキパキと行動することで具体的な成果を出せるようになります。

この具体的な成果が自分の仕事の価値となります。つまり、「トライアングル思考法」は、自分の仕事の価値を見いだすためのツールでもあります。

自分の仕事に「価値」があれば必ず「勝ち」ます。

さあ、「価値」と「勝ち」の仕事にこだわって、自分の夢を実現しましょう！

「仕事品質」改善教室 代表　大島　道夫

【参考文献】

「価値目標思考のすすめ」
（上野則男著、ＮＴＴ出版株式会社）
「目的達成の教科書」
（浜口直太／上野則男著、ゴマブックス株式会社）
「システム・アナリストのための業務革新ガイドブック」
（ＭＩＮＤＳＡ実践研究会著、株式会社コンピューター・エージ社）
「図で考えれば文章がうまくなる」
（久恒啓一著　ＰＨＰ研究所）

謝辞にかえて――お世話になった皆さま

■情報技術開発株式会社（略称：ｔｄｉ）T.D.I.CO., LTD.

（Technological Development of Information-processing）

東京都新宿区　資本金18億8、186万円

ソフトウェア開発、情報処理サービス、エンベデッド・ユビキタス／半導体関連、データセンターサービス、ソフトウェア商品等の開発・販売等

＜企業理念＞

情報技術で未来を創造

－人にやさしく心あたたかな企業に

－社会に親しまれ貢献する企業に

＜URL＞http://www.tdi.co.jp

約30年に渡り、私をビジネスパーソンとして育ていただきました。また起業に必要な幅

広い知識、技能を修得できたのも、システム管理運営、システム開発、営業、総務、営業企画、品質管理、人事（研修担当）と計画的に幅広い業務を担当させていただいたおかげだと心より感謝しております。

■ＩＴＡ（Information Technology Alliance）

平成7年2月にＩＴ業界の独立系中堅企業14社が、「情報交換、共同研究活動などを行うとともに、各社が営業面、技術面で協力し合う事により個々の能力を超えた事業展開を図る」ことを目的として結成されました。

平成25年は、19年目を迎え、現在、会員会社19社の企業集団です。前職の情報技術開発株式会社も参画している、独立系ＩＴ企業のアライアンスです。

〈URL〉http://www.ita.gr.jp

情報技術開発株式会社の在職中に約10年間お世話になり、諸活動を通じて、いろいろな分野のことを学ばせていただきました。特に独立系のアライアンスだからこそできる垣根を越えた事例研究は、他社では、絶対できない有用な活動となりました。また独立後も諸活動に公式に参加させていただくと共に、各社から「トライアングル思考法」をベースにした研修を発注していただき、私のビジネスのベースともなりました。

■システム企画研修株式会社

東京都中央区

システム開発で一番大事な上流工程の「システム企画」という工程に関わる研修を中心にビジネスをしている研修専門会社です。また業務革新に着目した「目的達成手法」という方法論を開発し、２００社、３０、０００人以上の研修受講実績があります。

<URL>http://www.newspt.co.jp

同社の上野社長が中心となって開発した「目的達成手法」に１９９０年代に出会い、初めて方法論というものを勉強しました。おかげさまでその後もご厚意をいただく中、何度も「目的達成手法」の勉強の機会をいただき、こうして本書を出版することができました。心より感謝申し上げます。

私は、情報技術開発株式会社、ＩＴＡ、そしてシステム企画研修株式会社にお世話になった恩返しとして、「仕事品質」改善教室を起業し、今後の私の人生をかけて皆さまに人財育成のサービスを提供することが私の使命であると決意しております。

「仕事品質」改善教室 代表 大島 道夫

著者紹介

大島　道夫（おおしま　みちお）
「仕事品質」改善教室　代表
URL http://仕事品質改善教室.jp/

1957年生まれ　新潟県中魚沼郡津南町

(1)　**情報技術開発株式会社**
約30年間、事業の拡大と成長、人財育成等に貢献

・お客様向け営業を担当し、営業のやり甲斐に感動する。
・お客様の汎用大型システムの管理運営に従事し、お客様を肌で知る。
・開発プロジェクトを数多く経験し、チームで仕事をすることの醍醐味を味わう。
・東京拠点の総務／経理／経営企画／予算管理を通して経営の意義を経験する。
・社内人財育成の企画／教材開発および研修講師を通して人財育成の深さを知る。
・ISO9001／ CMM ／ CMMI等を元にした業務プロセスの標準化に従事し、プロセス思考、プロジェクト思考の価値を腹に落とし込む。
・その後（財）日科技連でISO9001／ ISO27001等外部審査員経験を積む。

(2)　**「仕事品質」改善教室**
自立型人財育成を応援する夢実現のために起業

・「仕事の取り組み姿勢」×「仕事のやり方」＝「仕事品質」のコンセプトのもと、自ら考え、自ら提案、自ら行動できる「稼げるビジネスパーソン」の育成を通して、企業、日本を元気にすることをミッションにコンサルティングを展開中！

著者との契約により検印省略

平成25年9月25日　初版第1刷発行

トライアングル思考法
－自分の企画書に自信が持てる7つの法則－

著　者　大　島　道　夫
発行者　大　坪　嘉　春
印刷所　税経印刷株式会社
製本所　株式会社　三森製本所

発行所　〒161-0033　東京都新宿区下落合2丁目5番13号
株式会社　税務経理協会
振　替　00190-2-187408
FAX　(03)3565-3391
電話　(03)3953-3301（編集部）
(03)3953-3325（営業部）
URL　http://www.zeikei.co.jp/

乱丁・落丁の場合は，お取替えいたします。

ISBN978-4-419-06012-1　C3034